Robots
livre à colorier pour les enfants

Young Scholar

Young Scholar
An imprint of Ciparum LLC

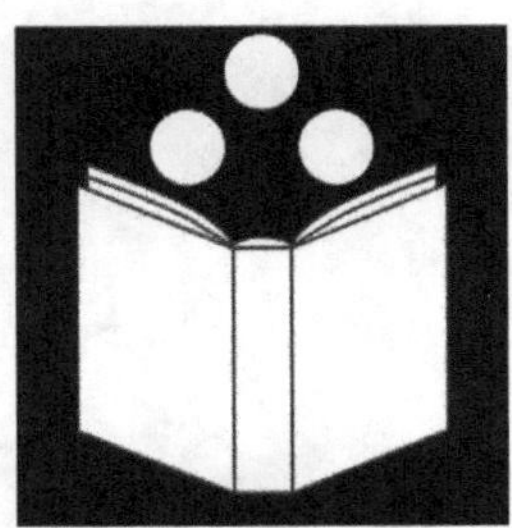

Robots livre à colorier pour les enfants
© 2017 Ciparum LLC
All rights reserved.
ISBN-10:1-63589-289-9
ISBN-13:978-1-63589-289-5

www.youngscholar.co

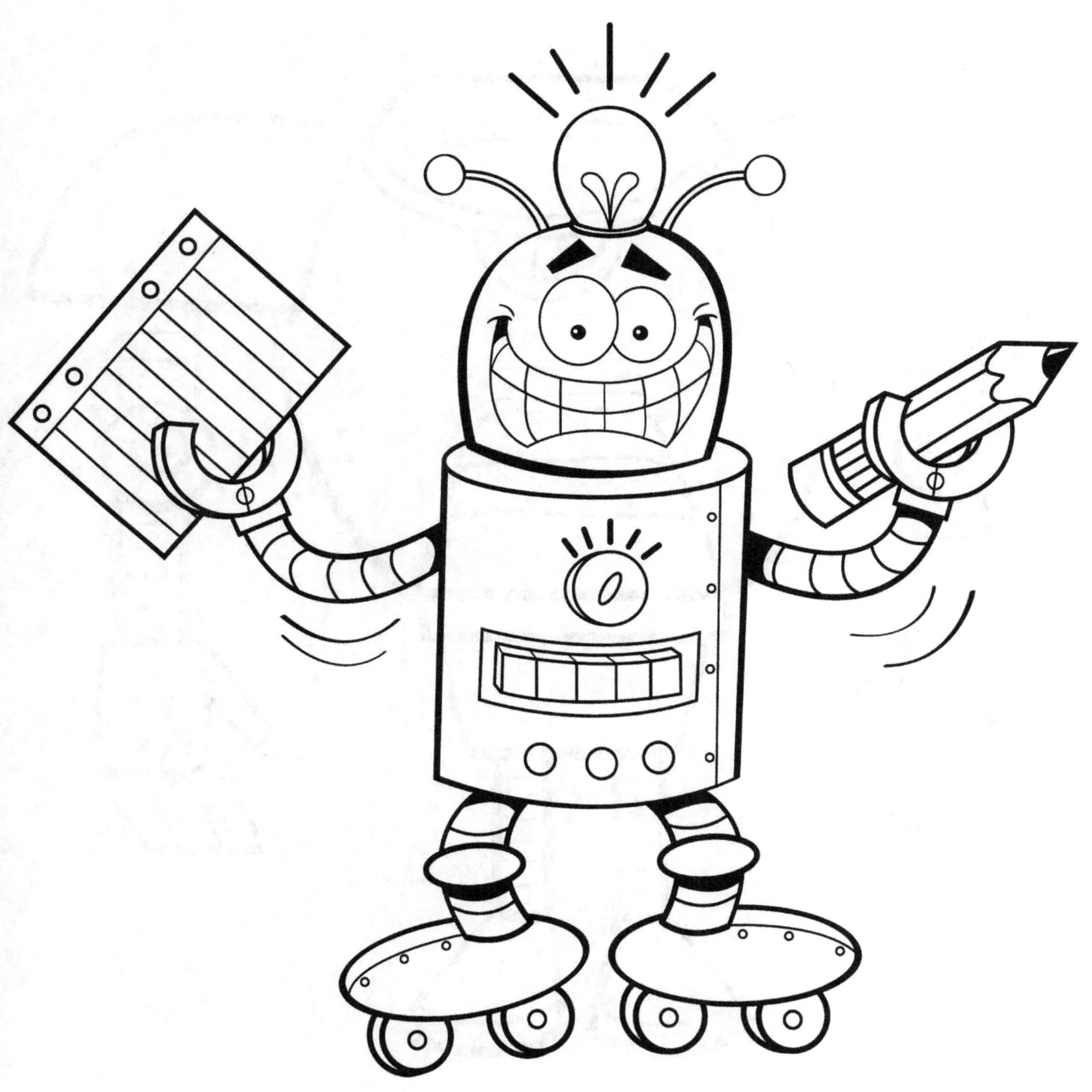

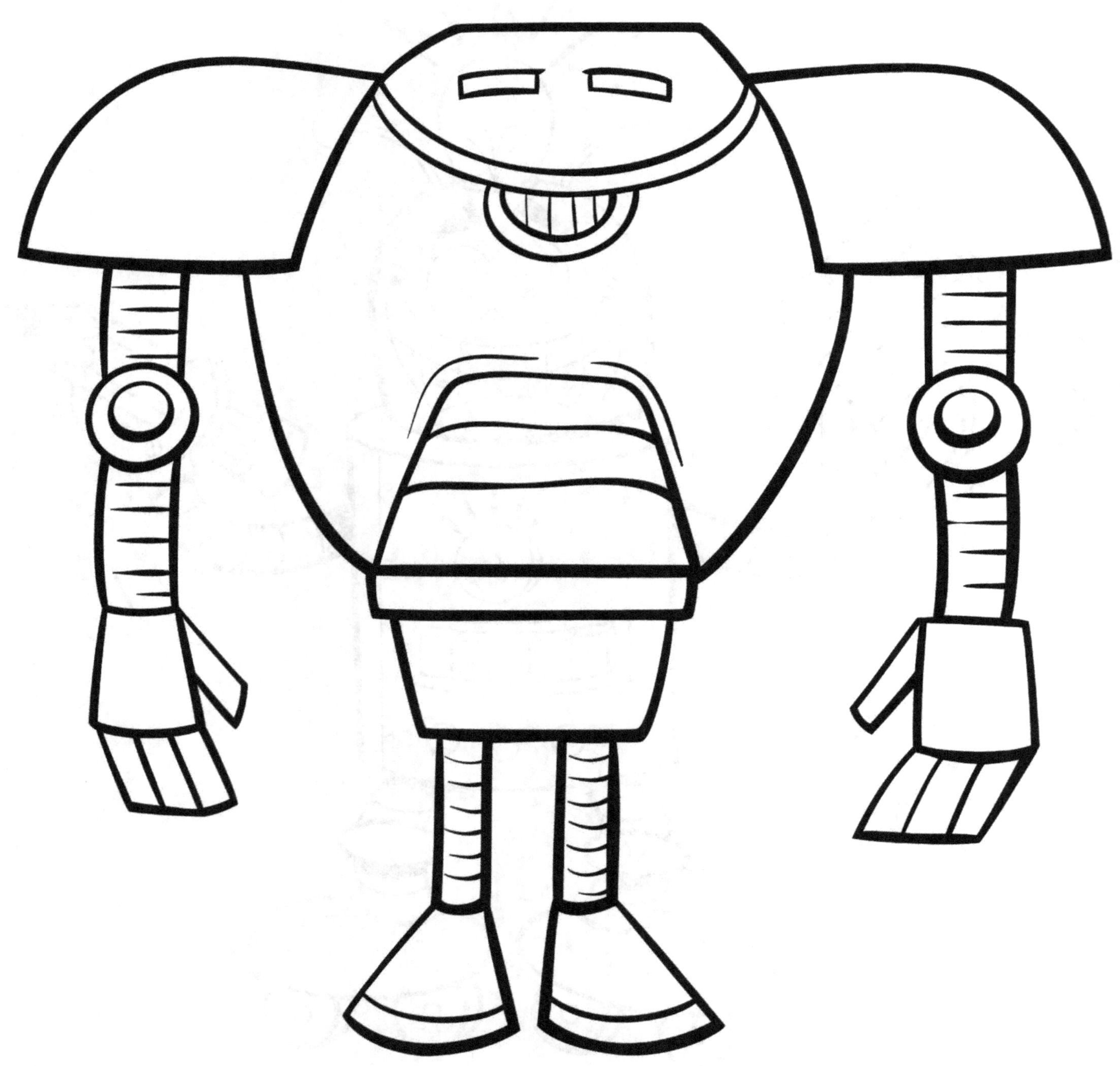

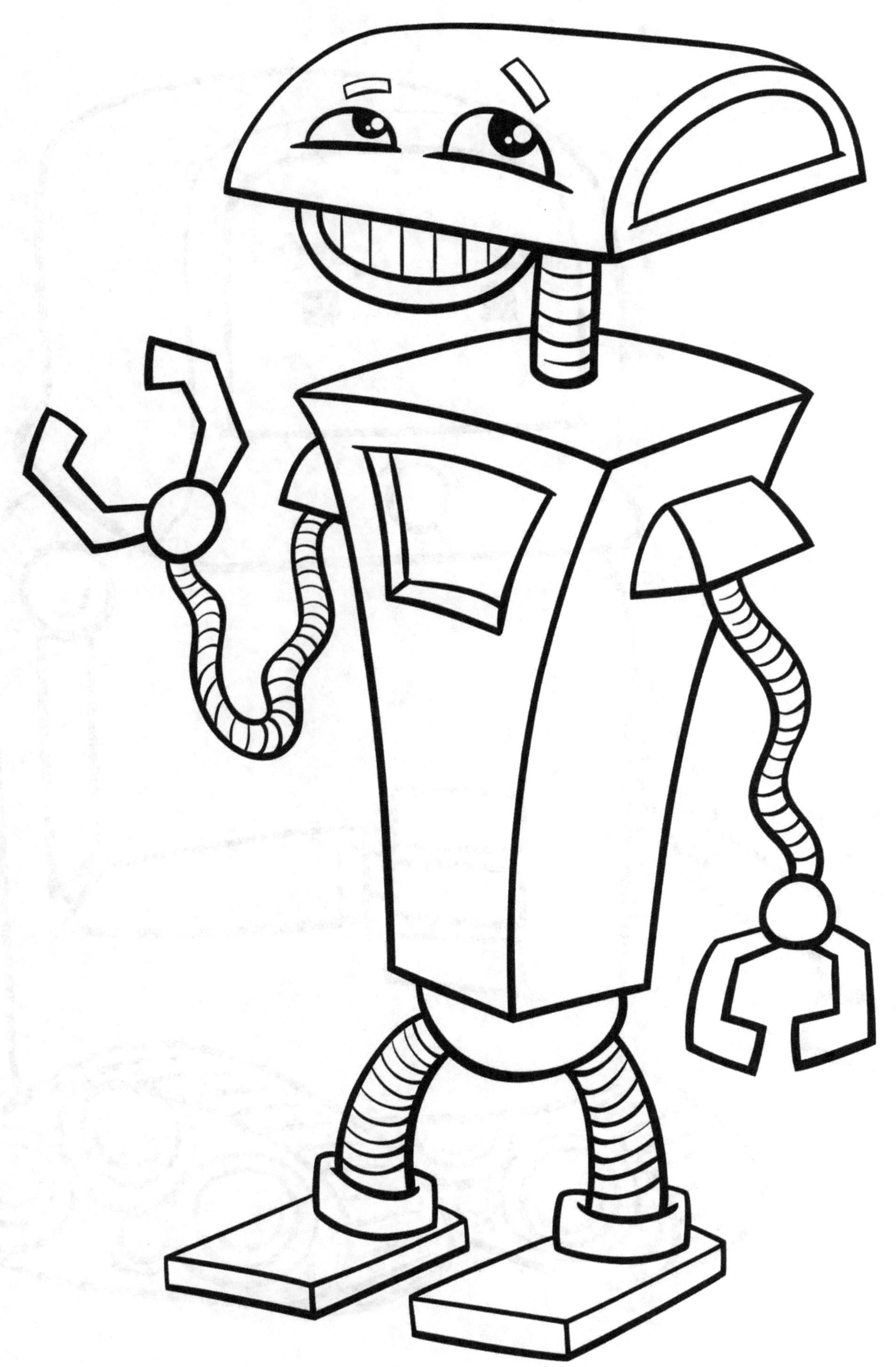

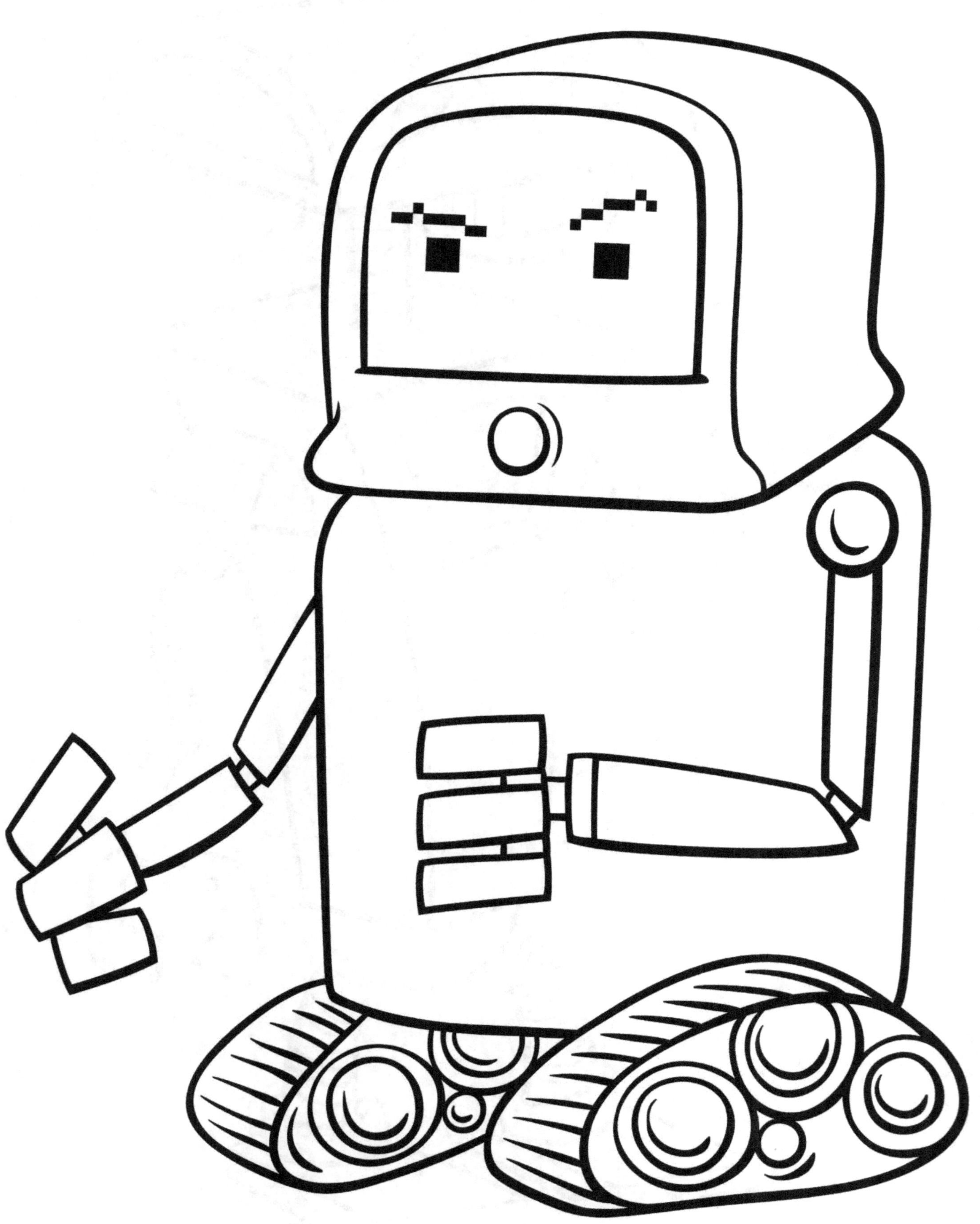

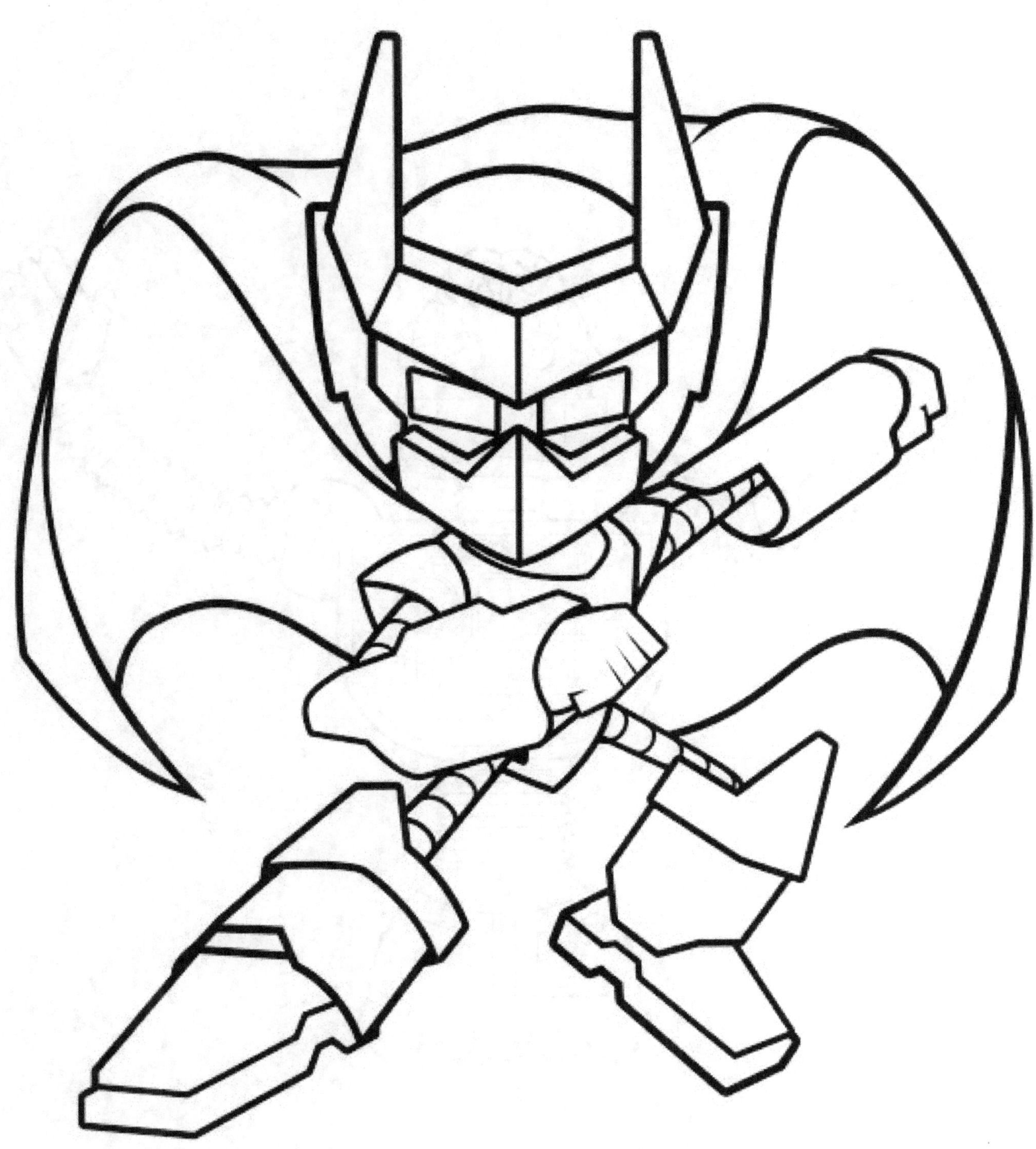

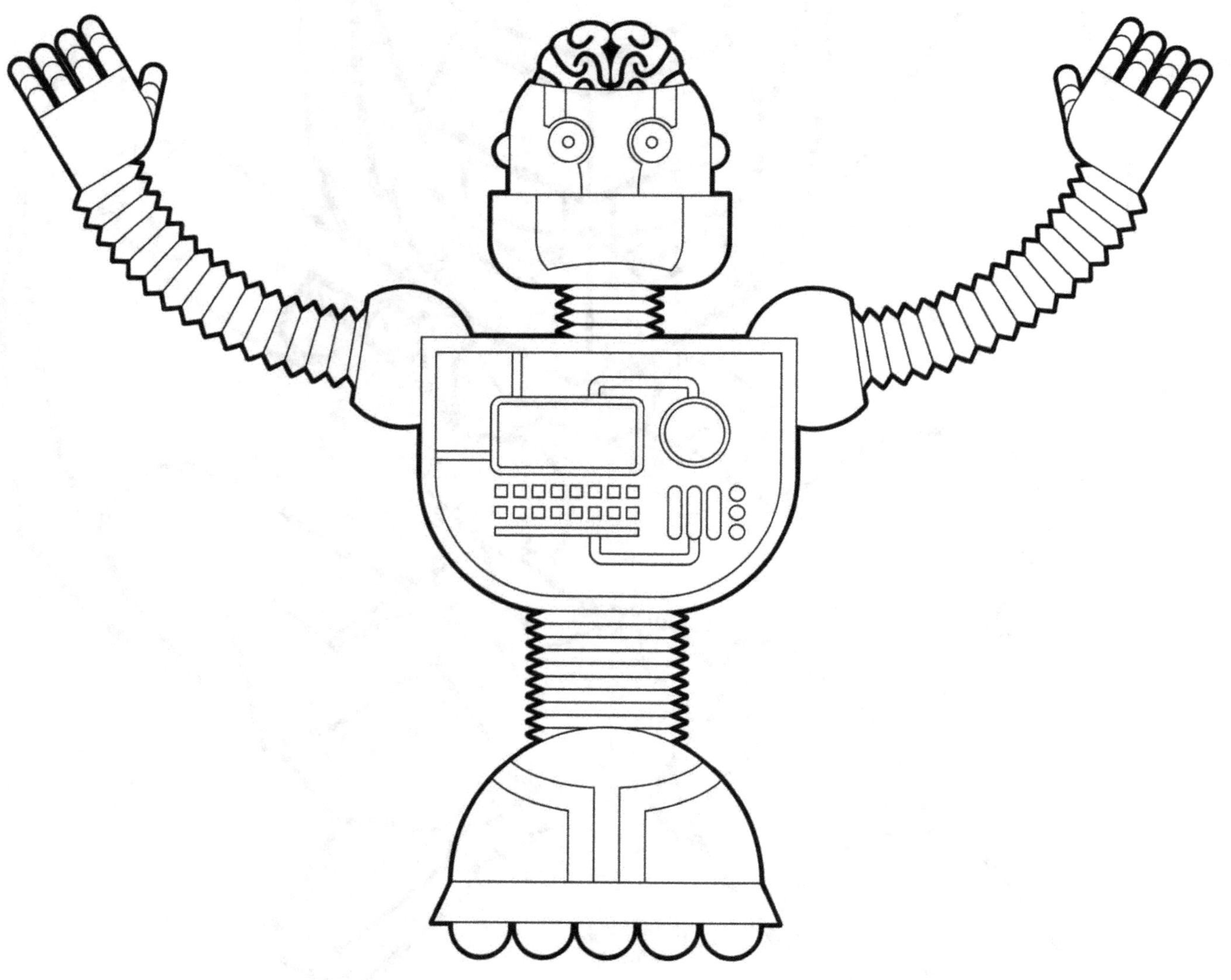

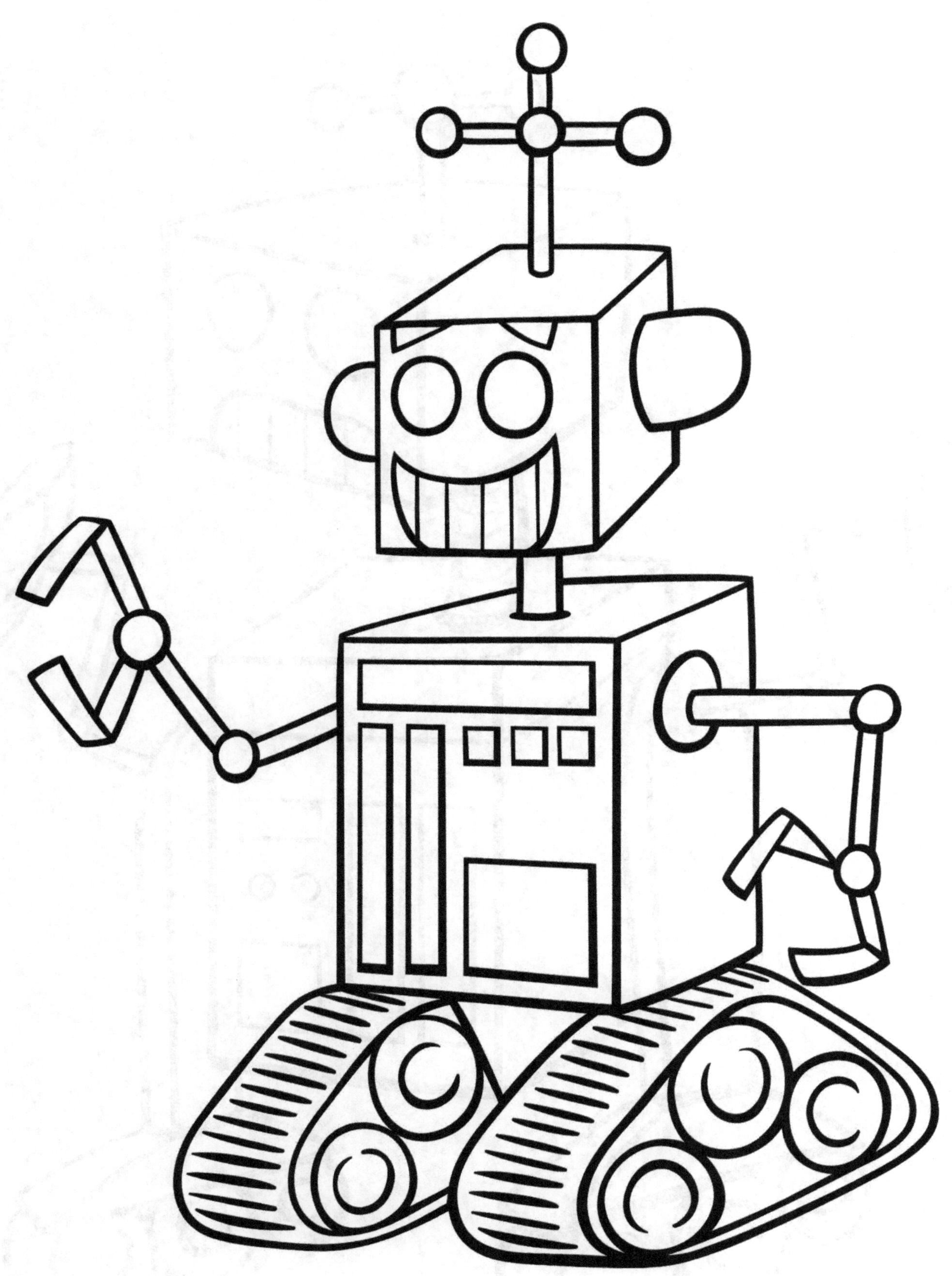

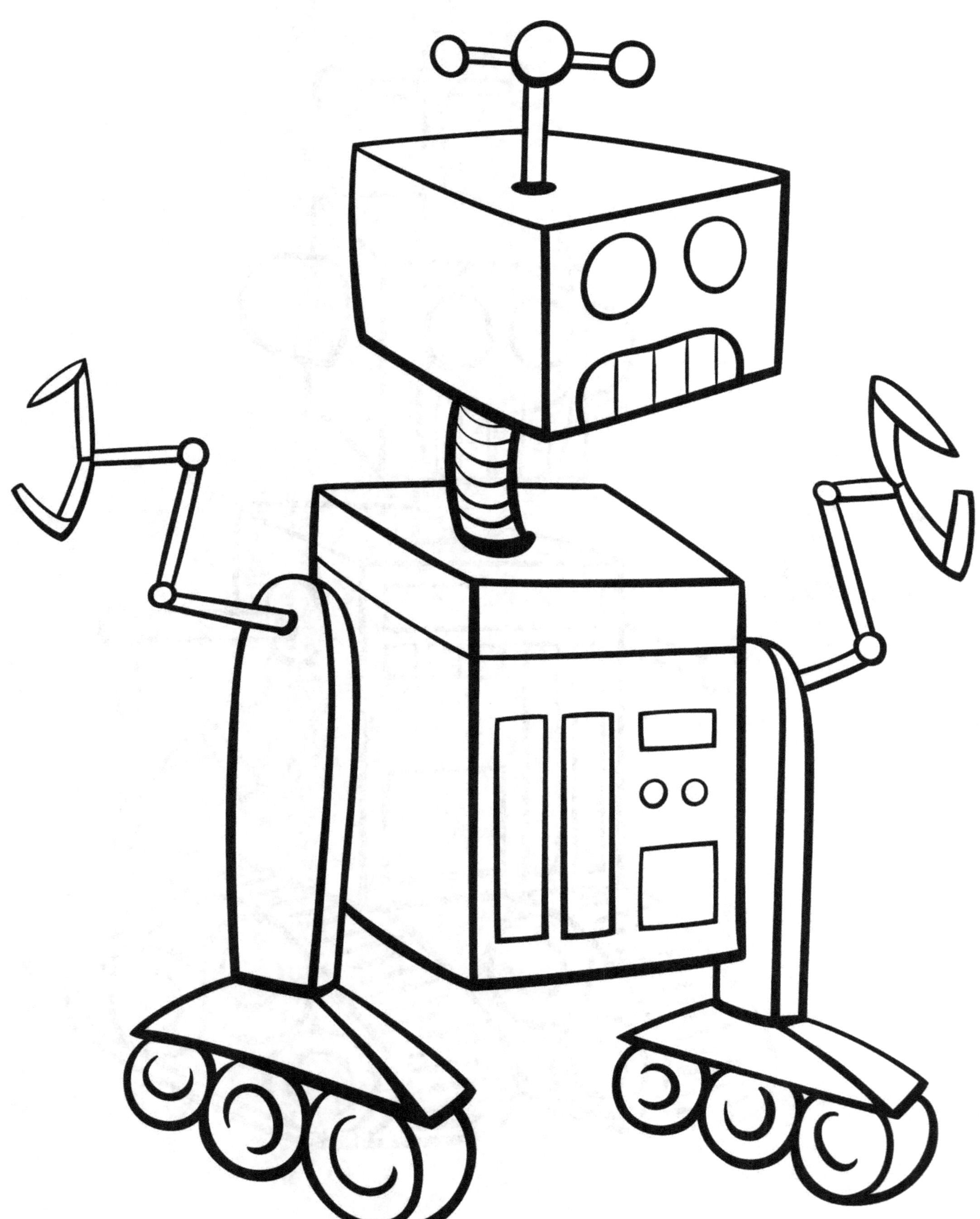

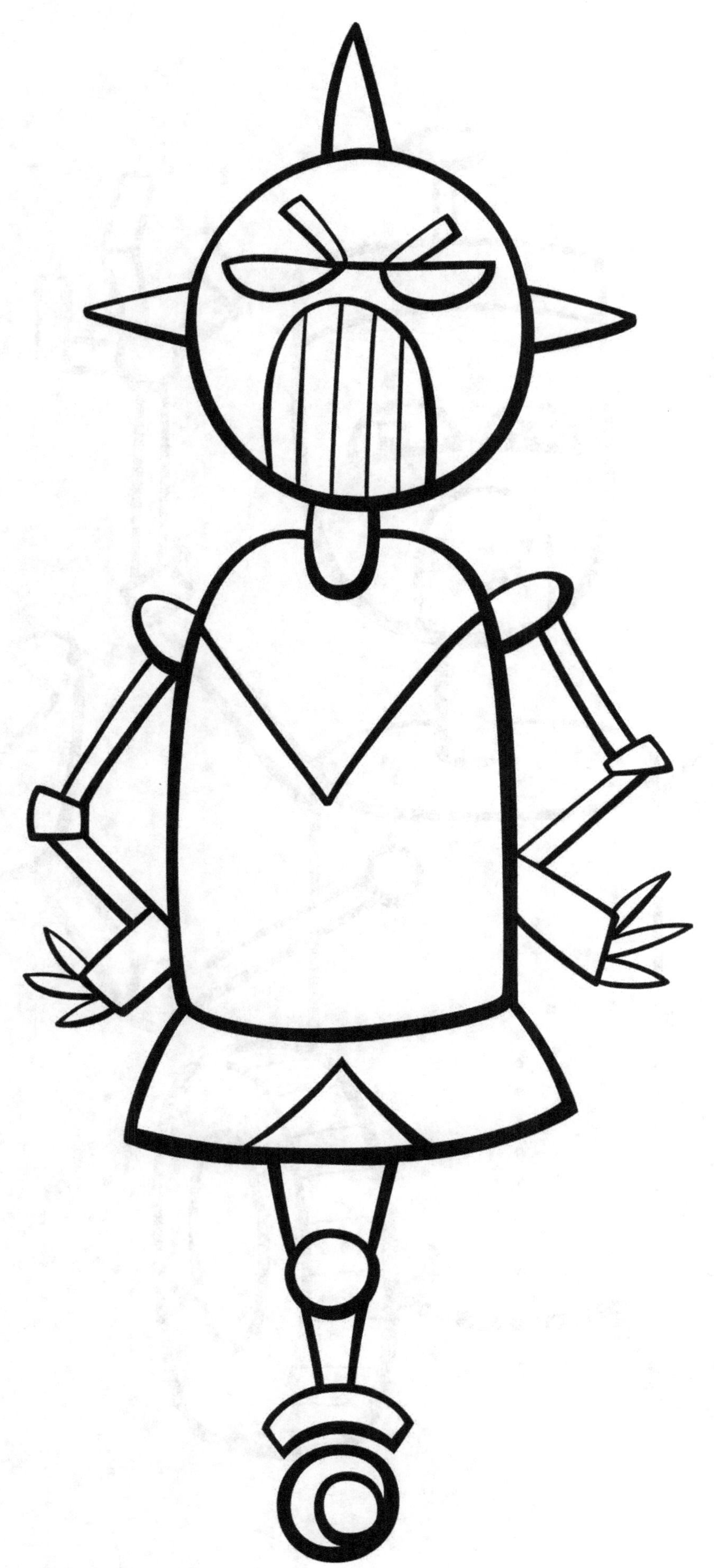

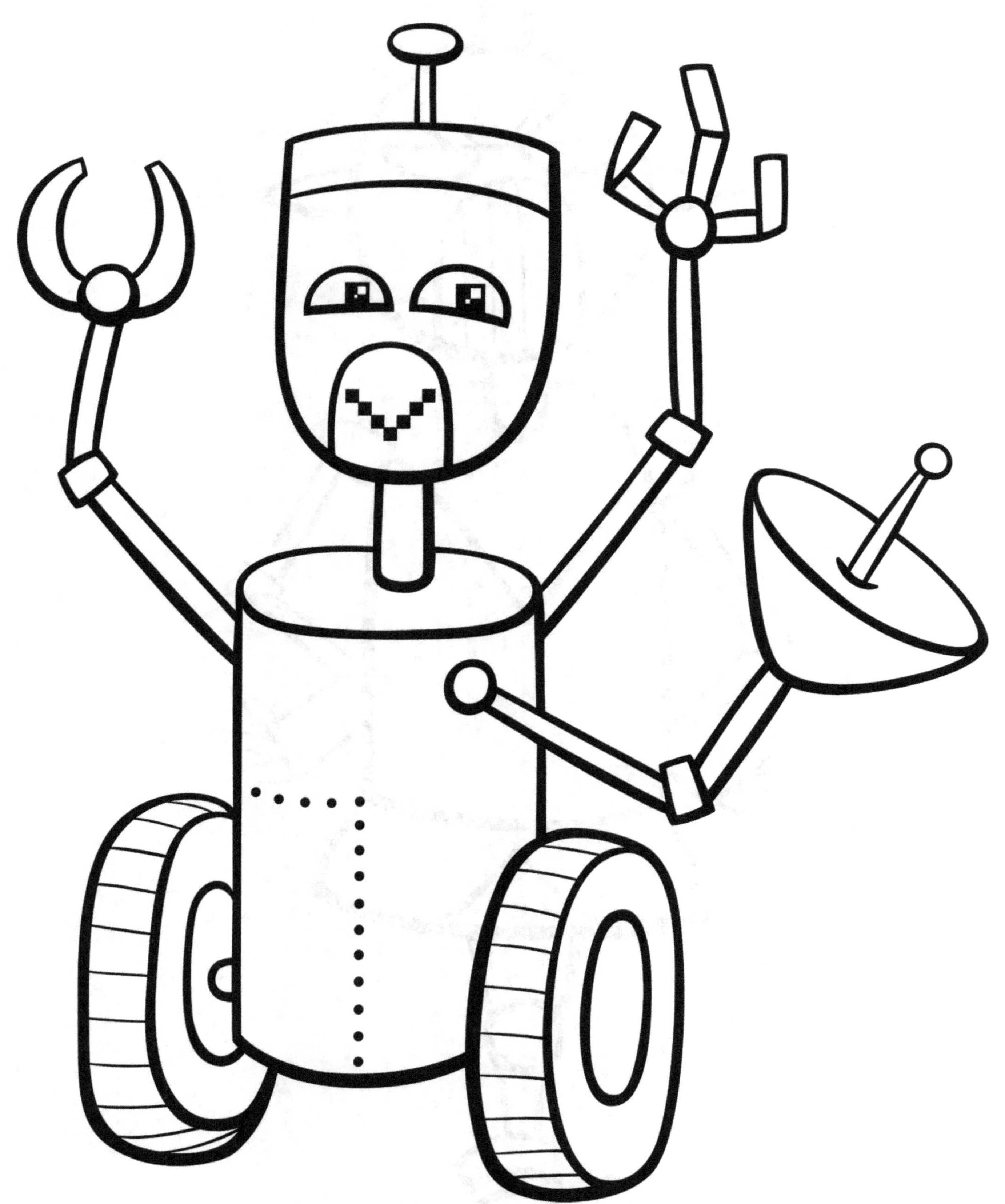

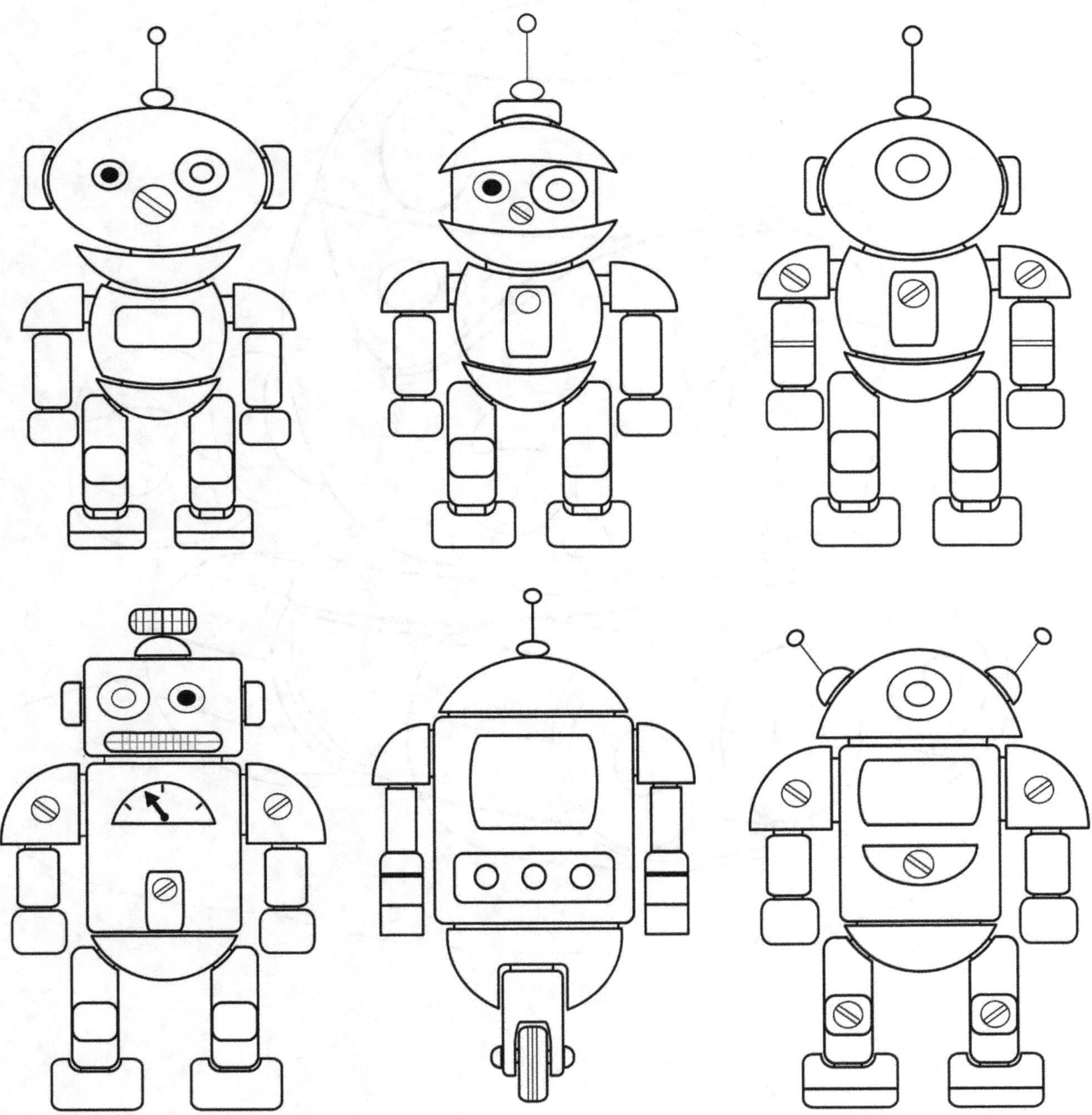

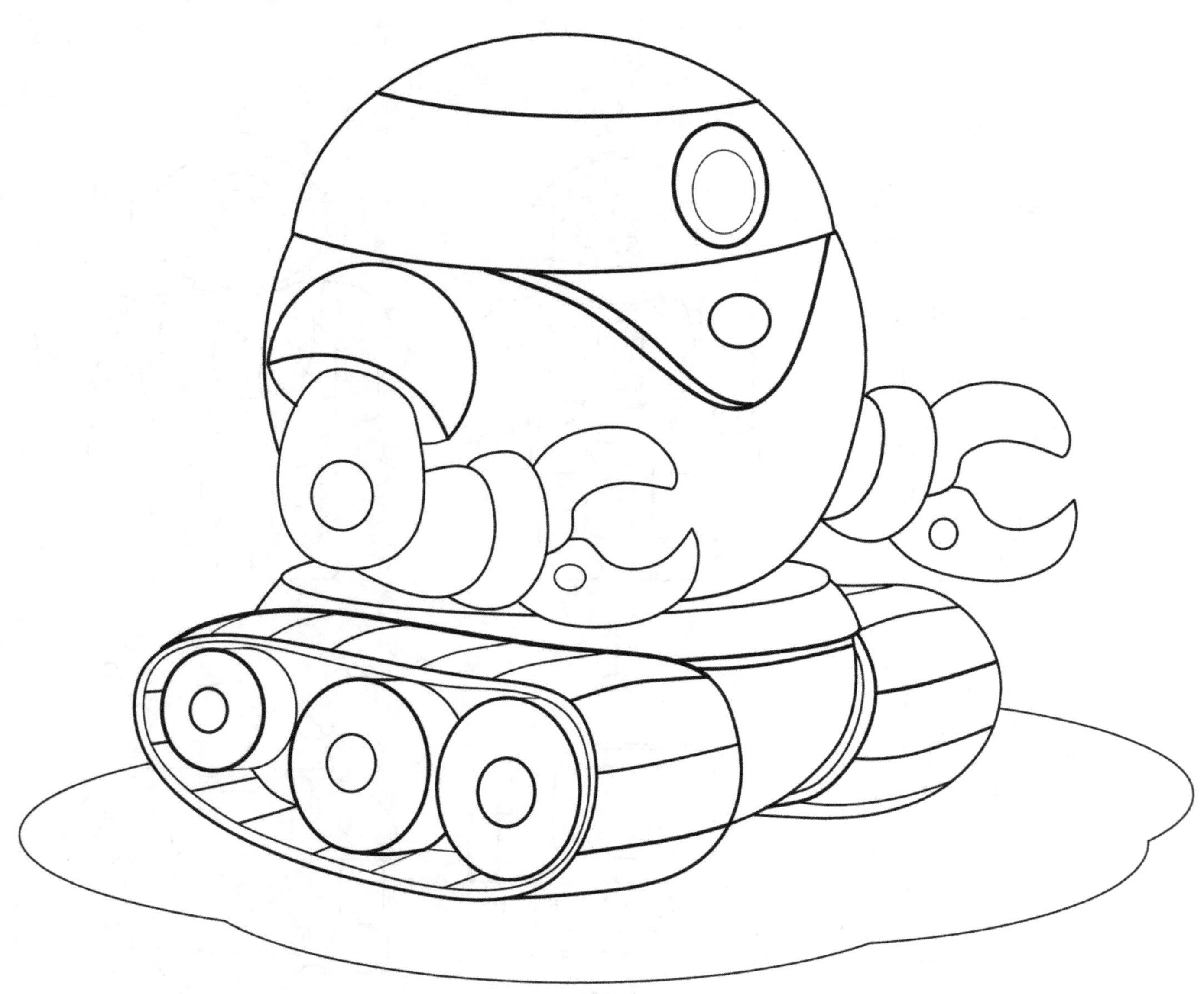

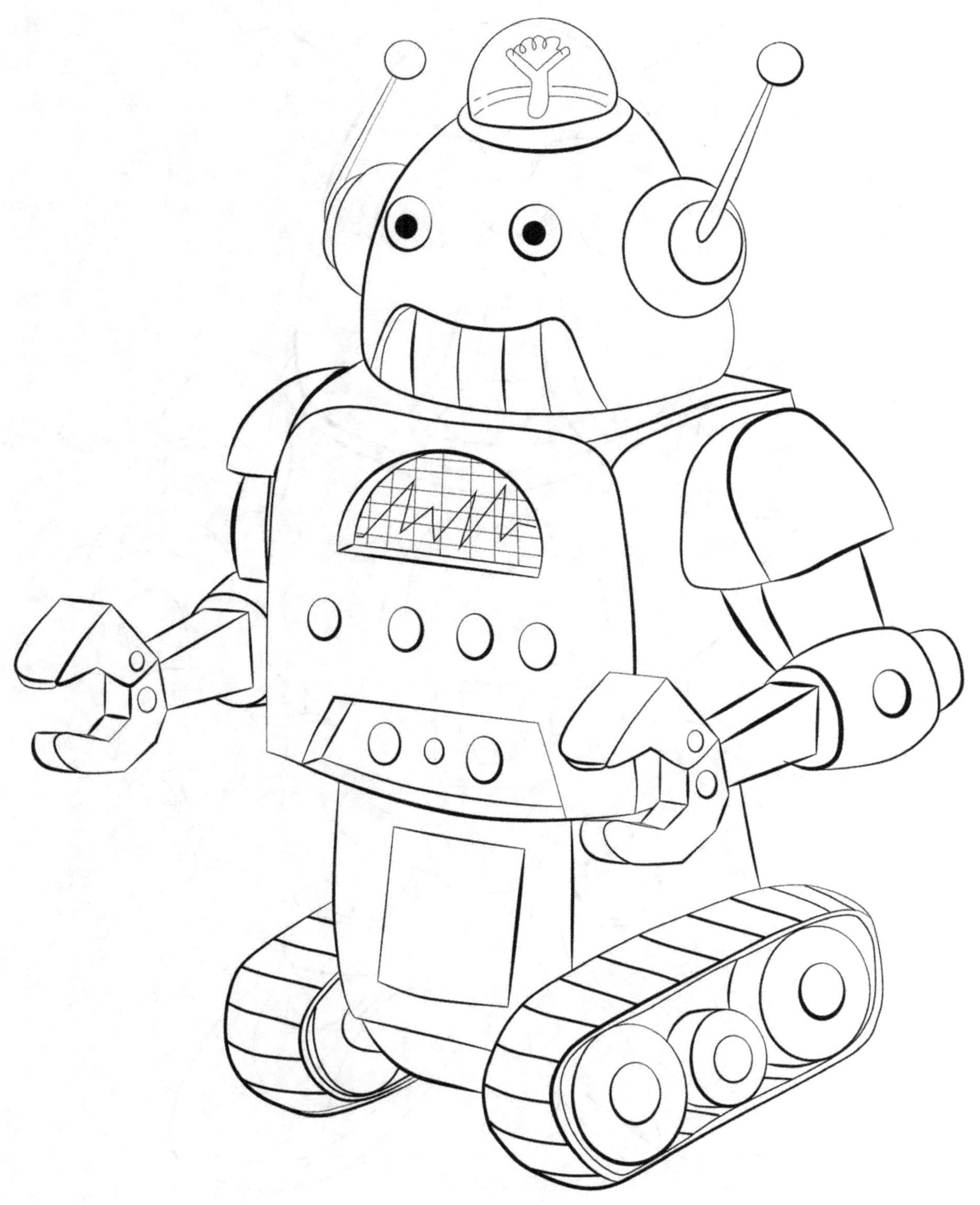

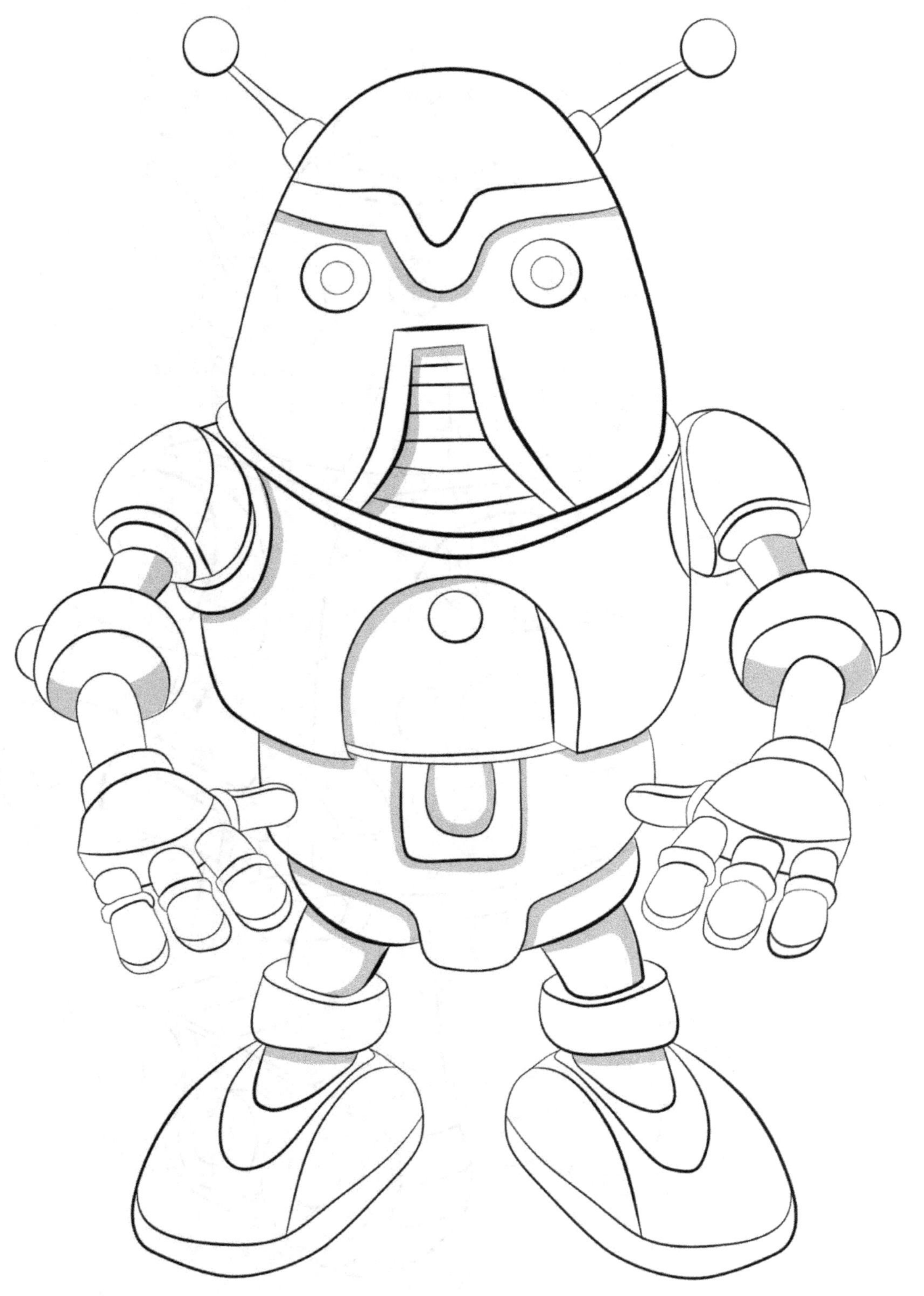

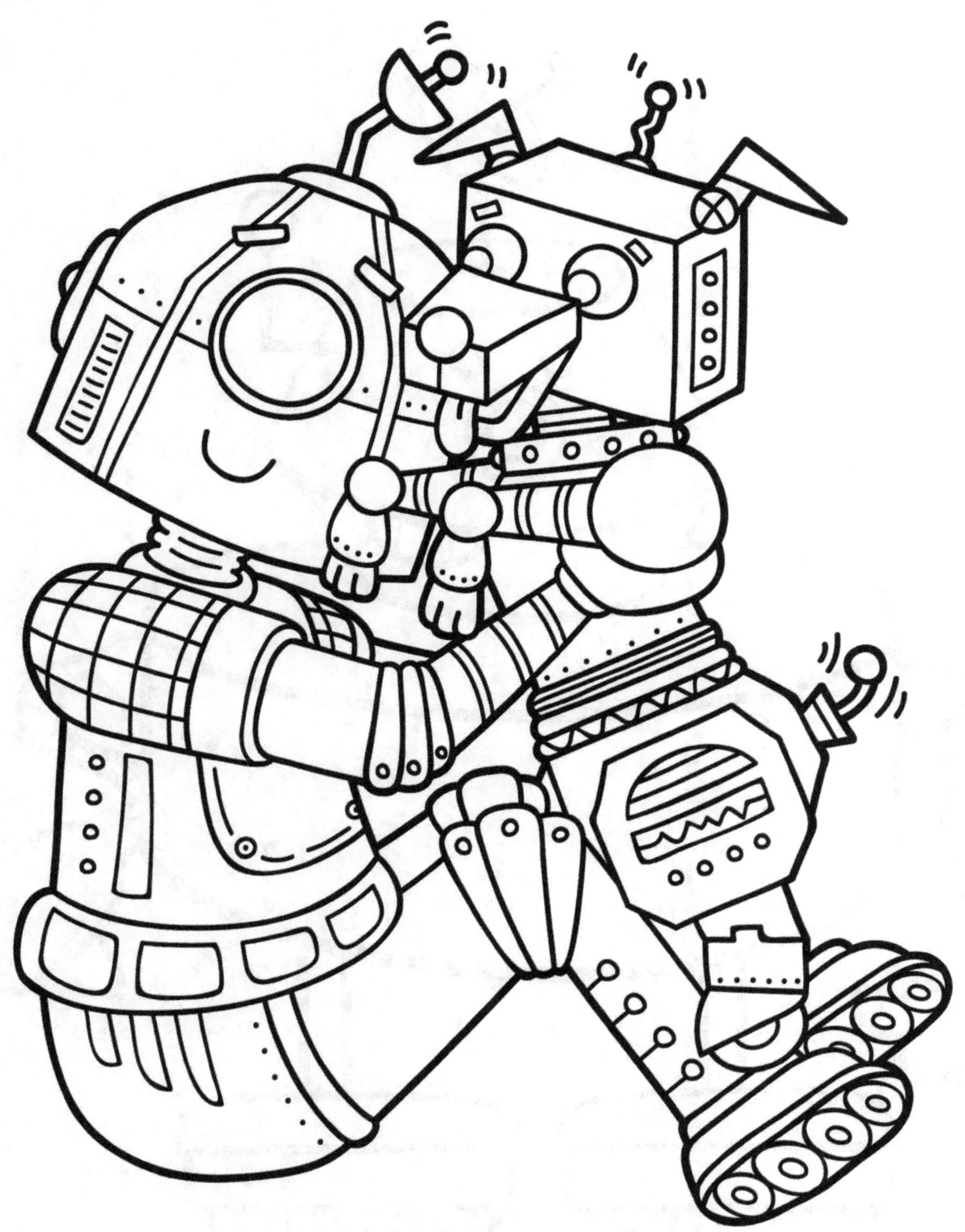

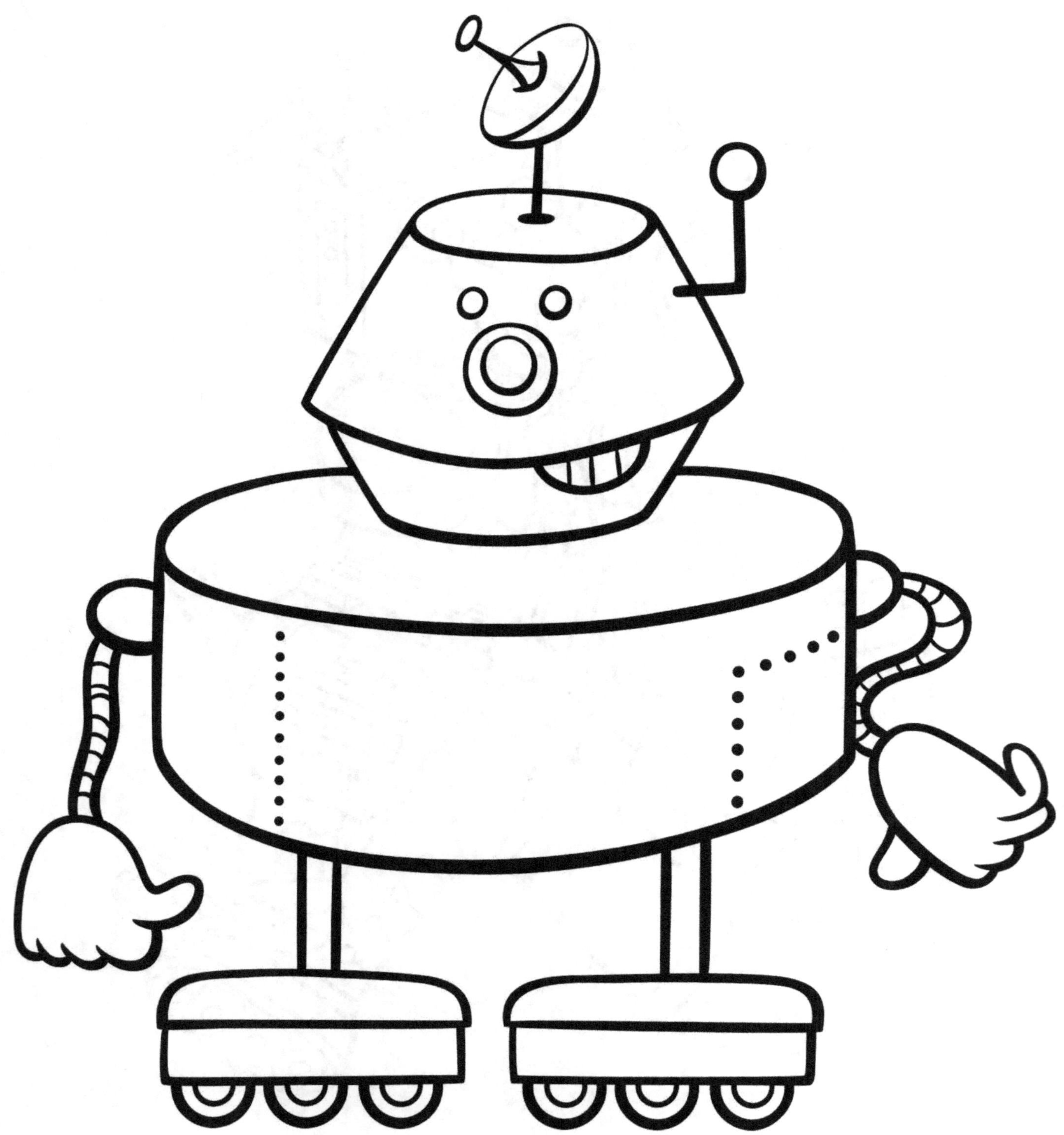

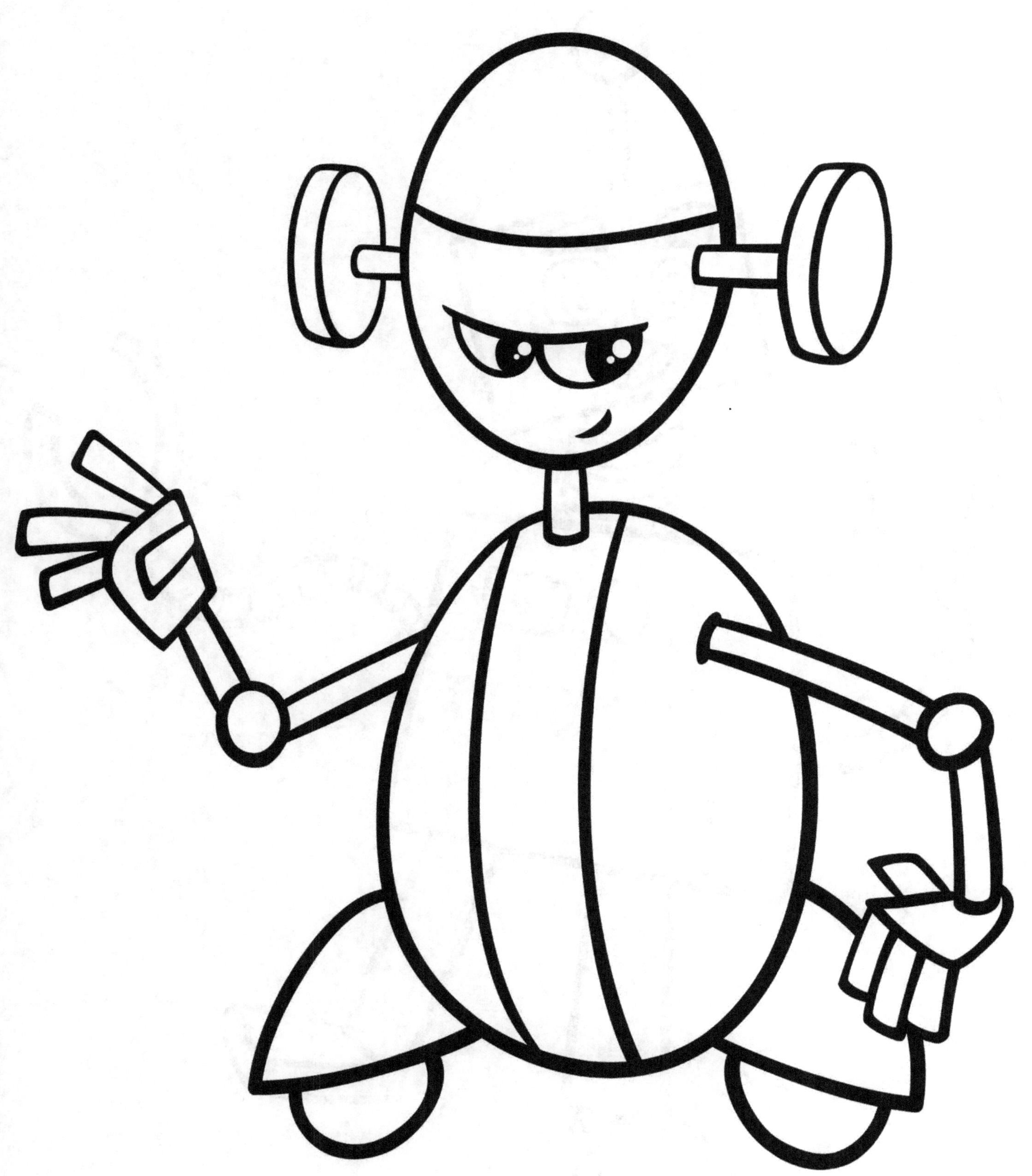

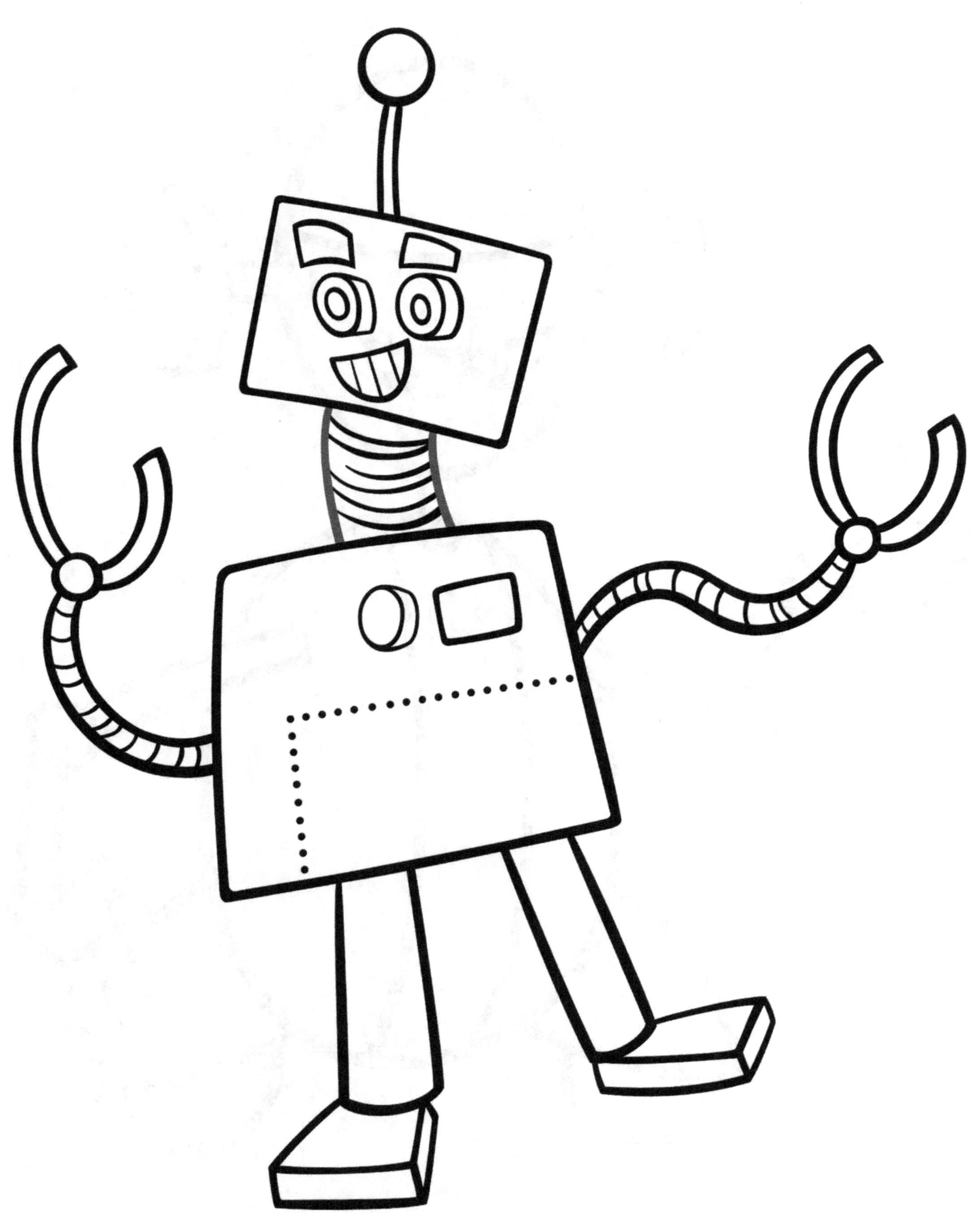

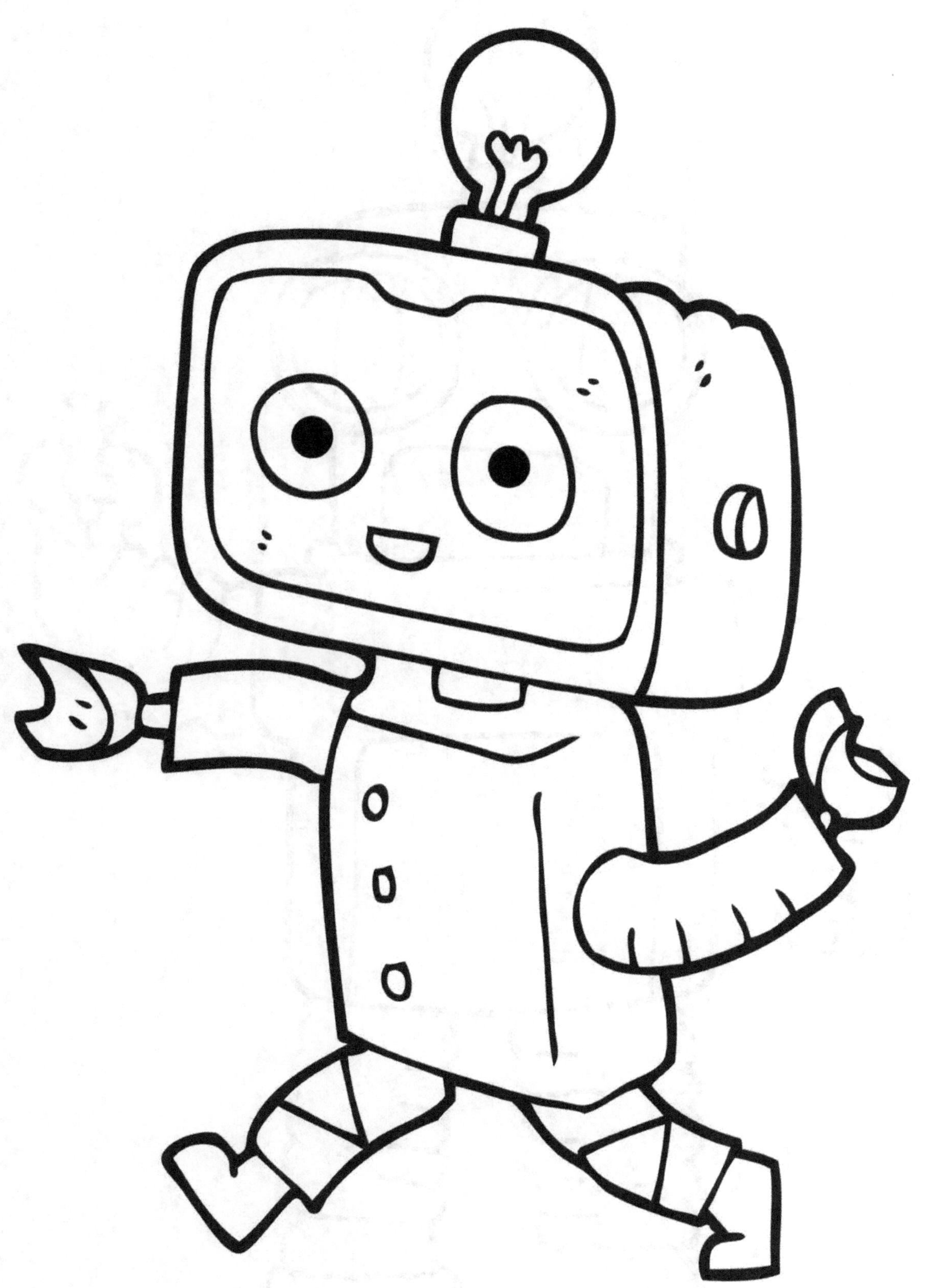

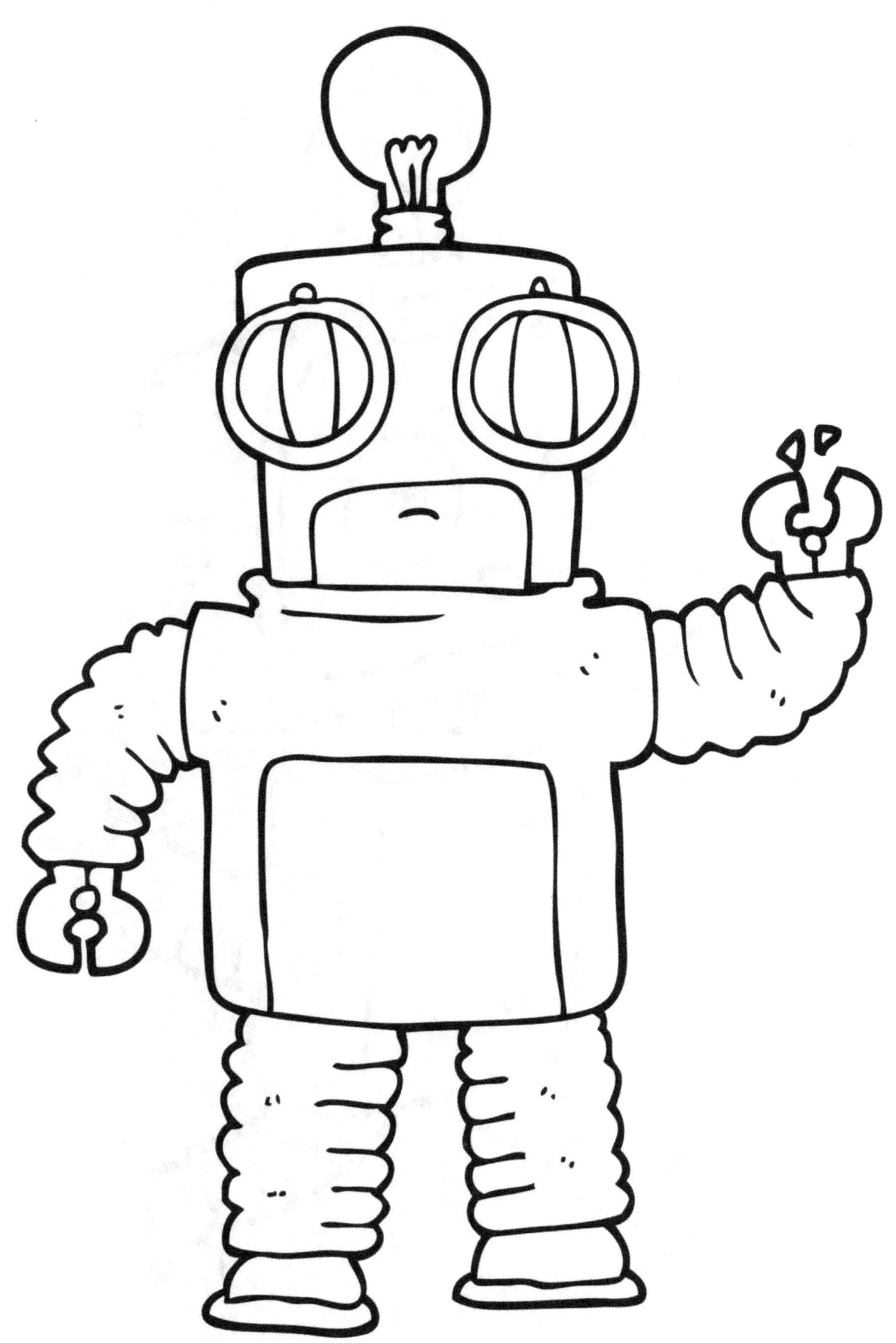

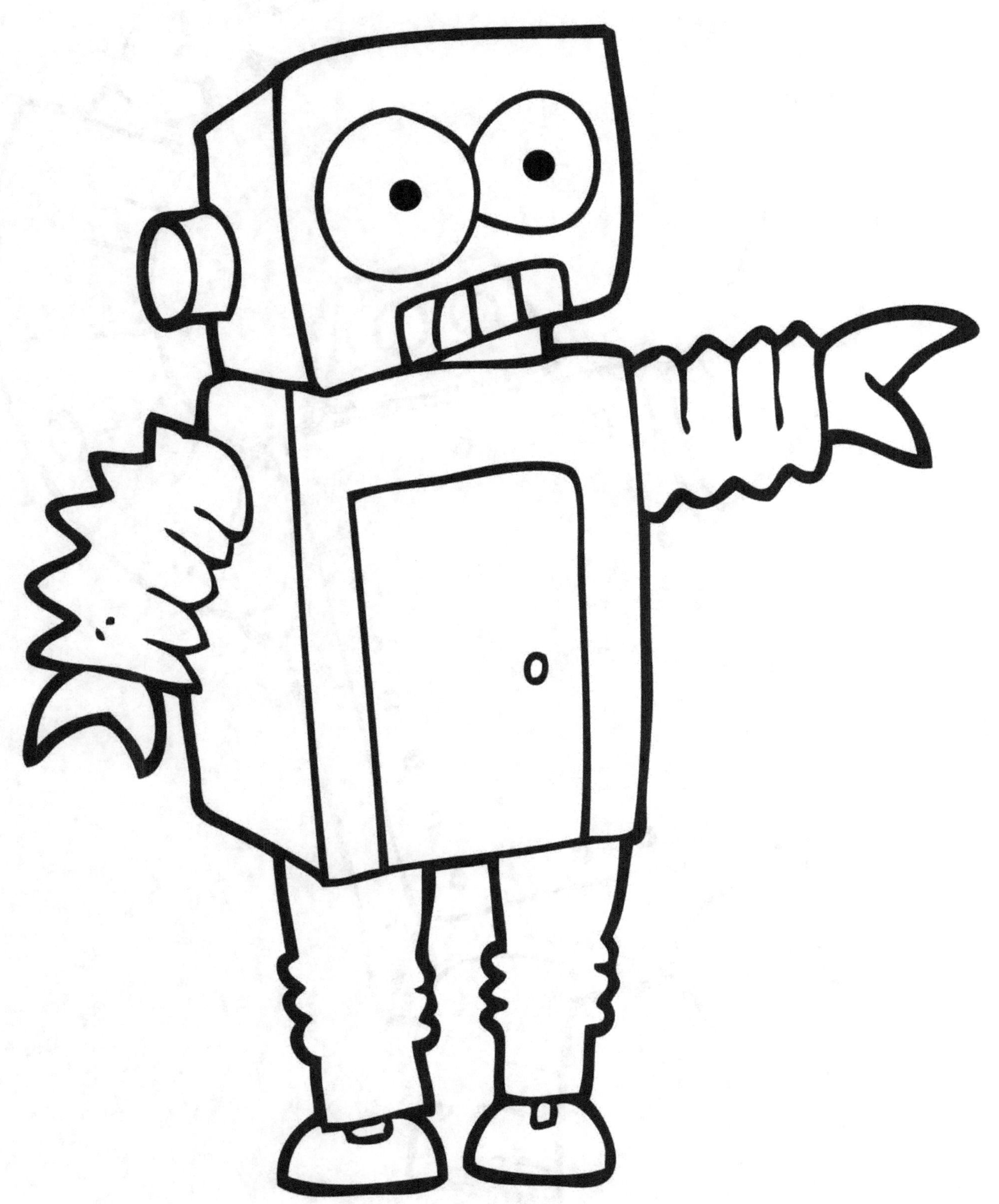

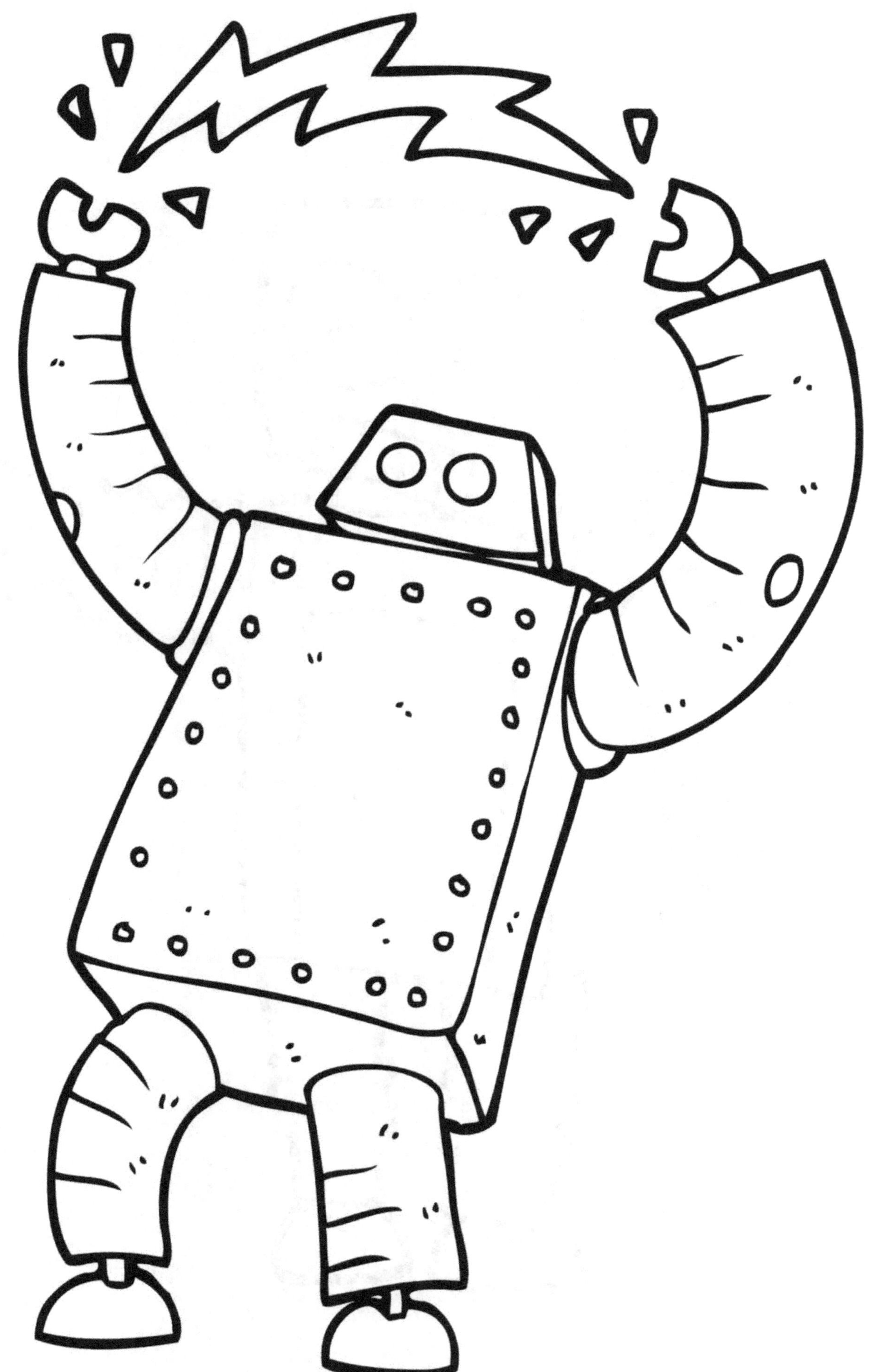

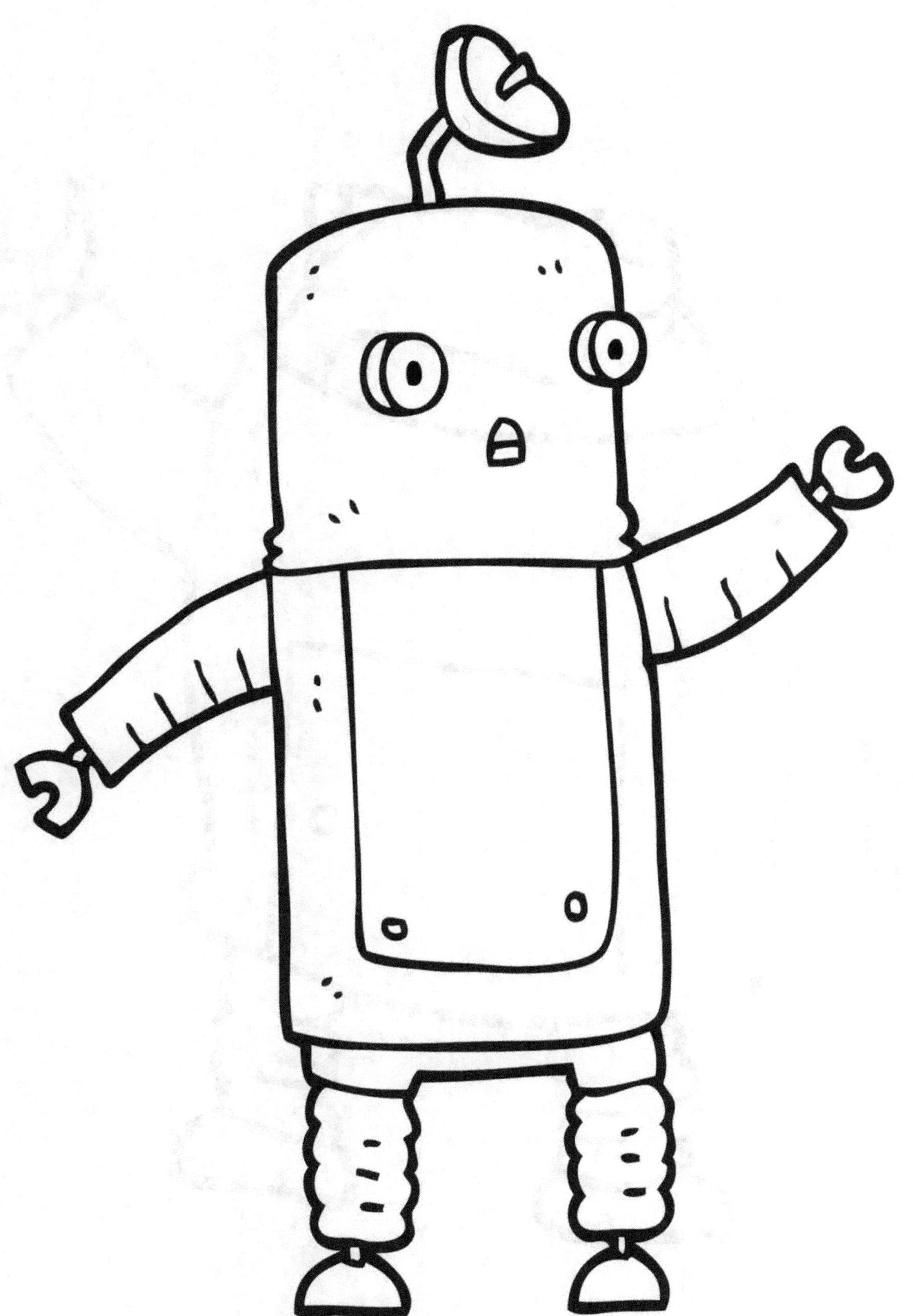

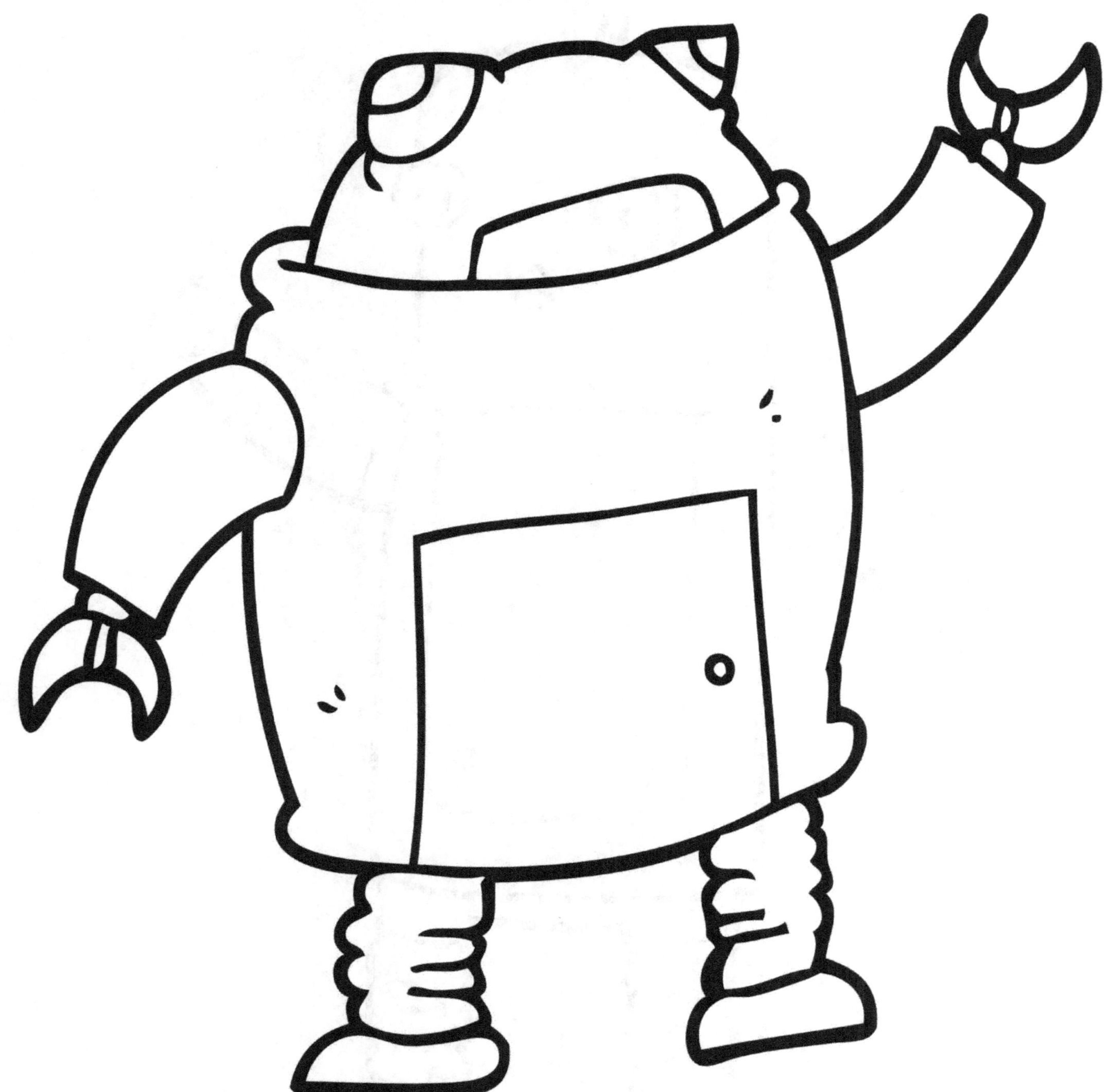

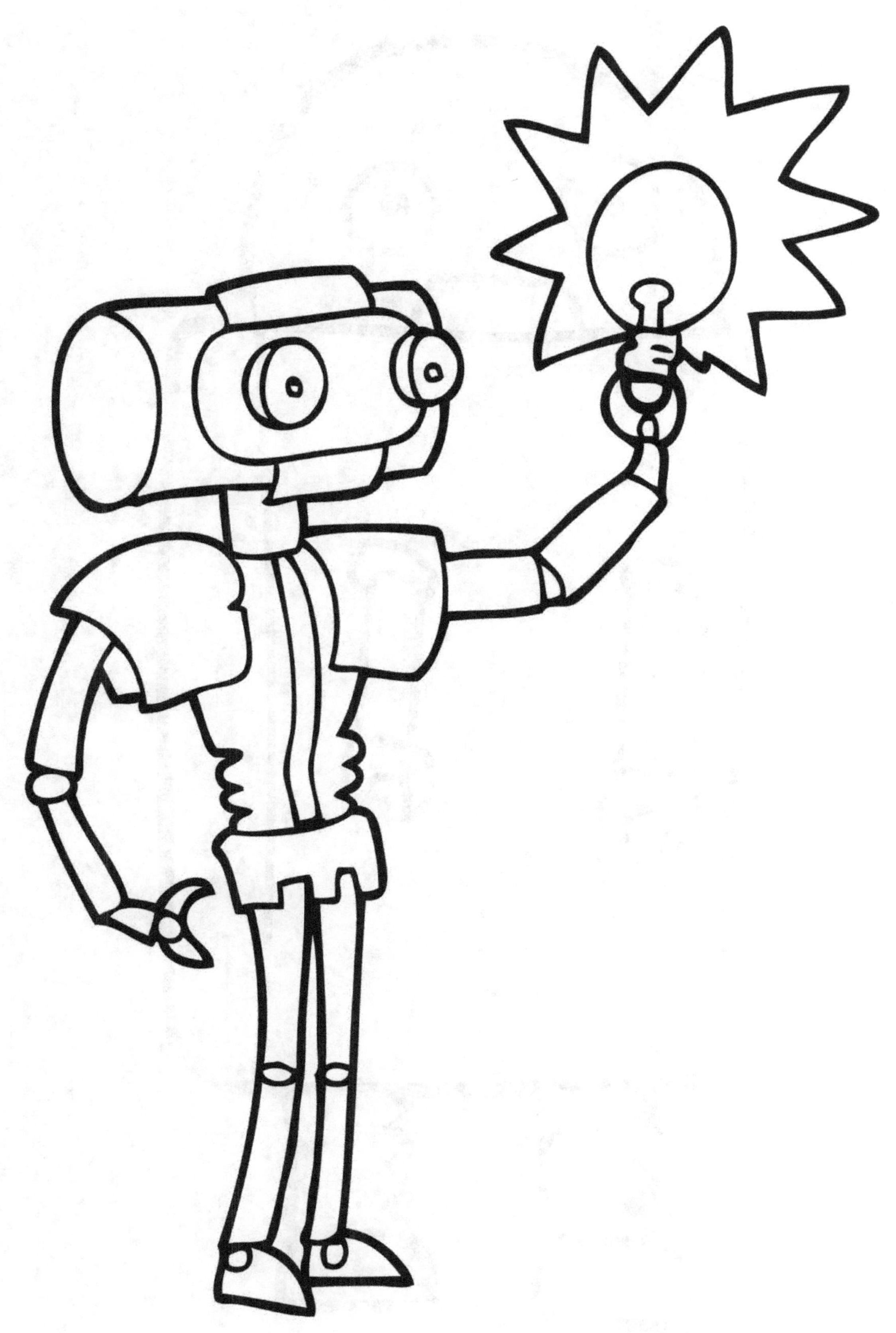

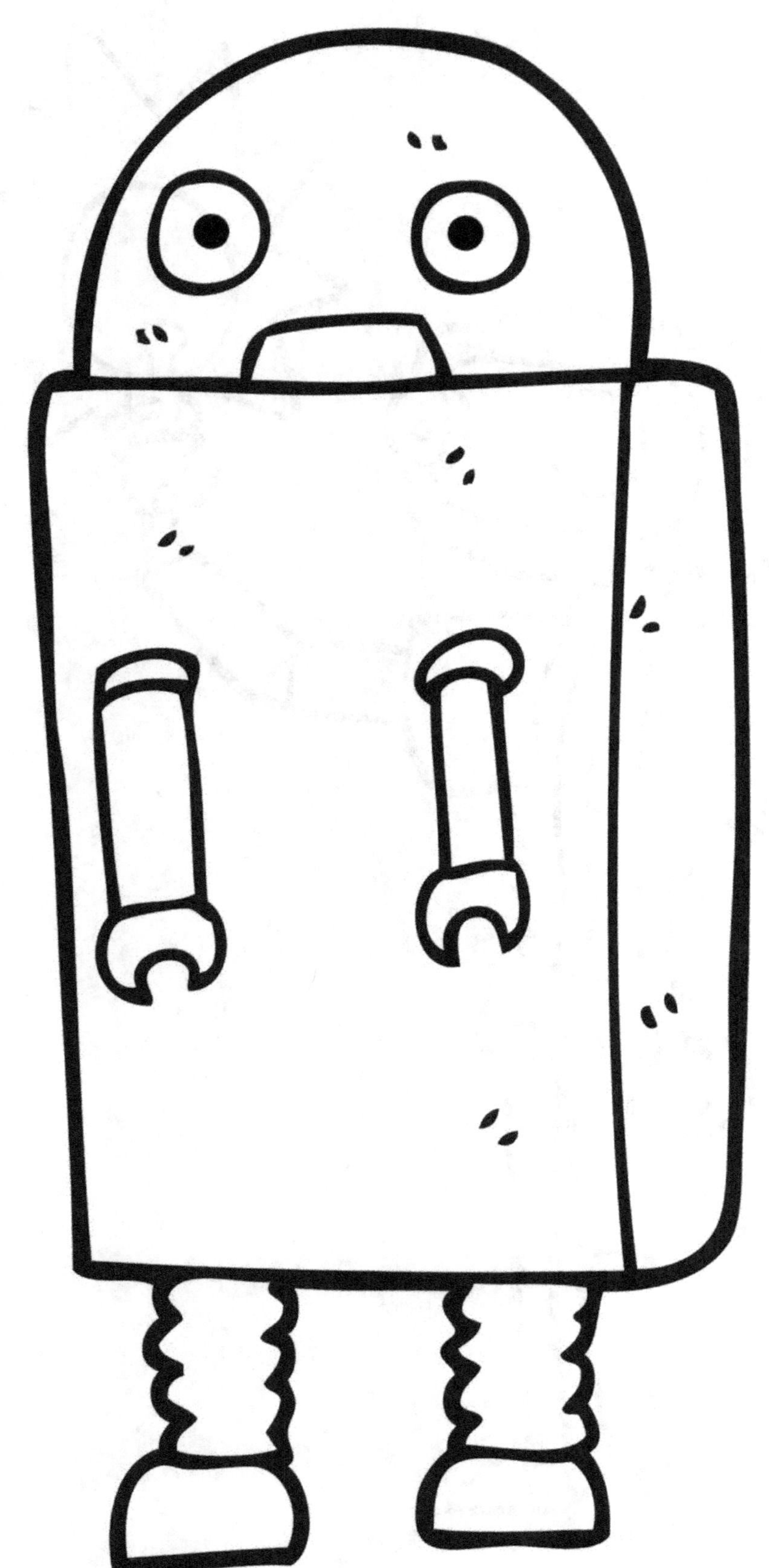

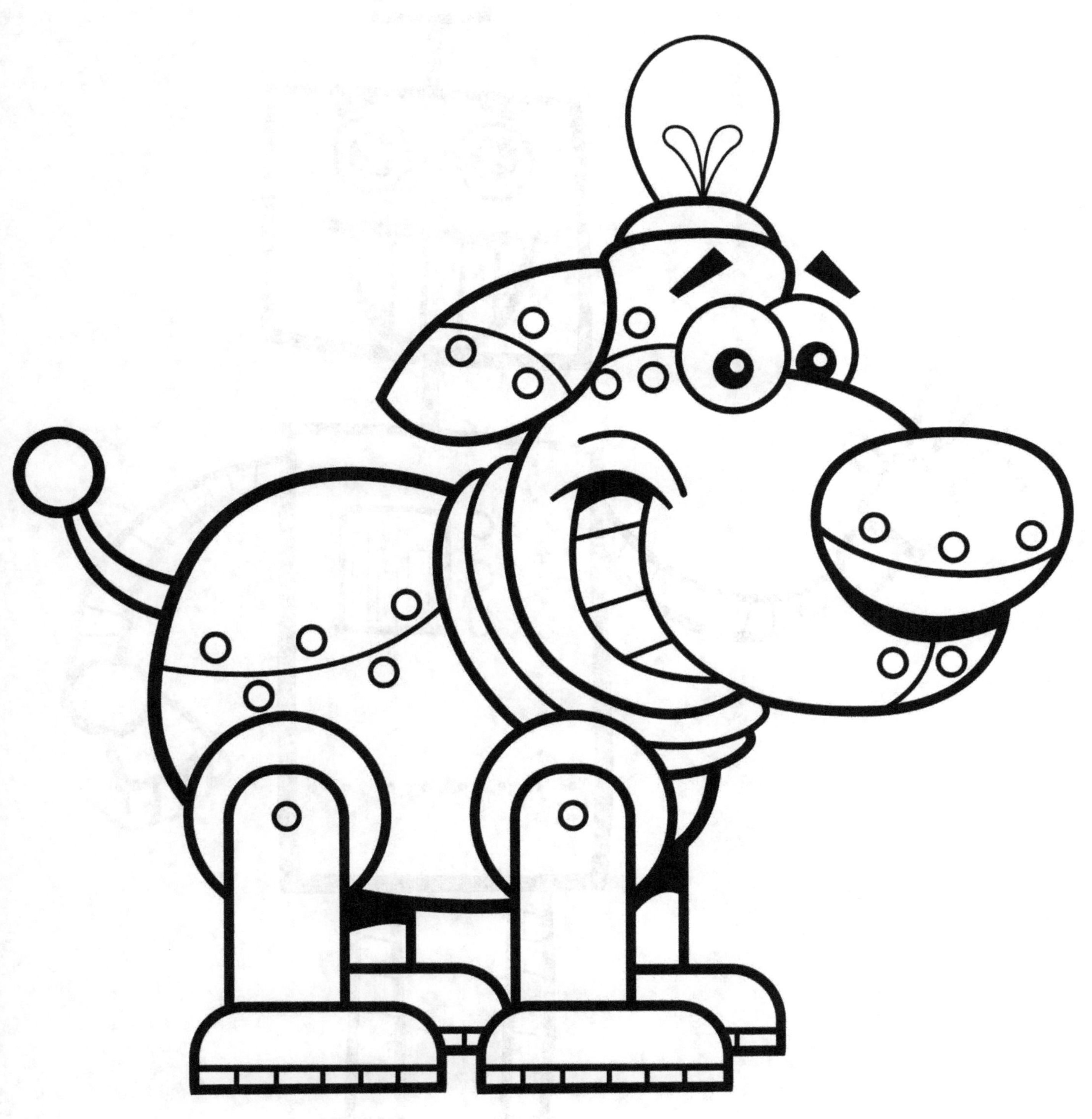

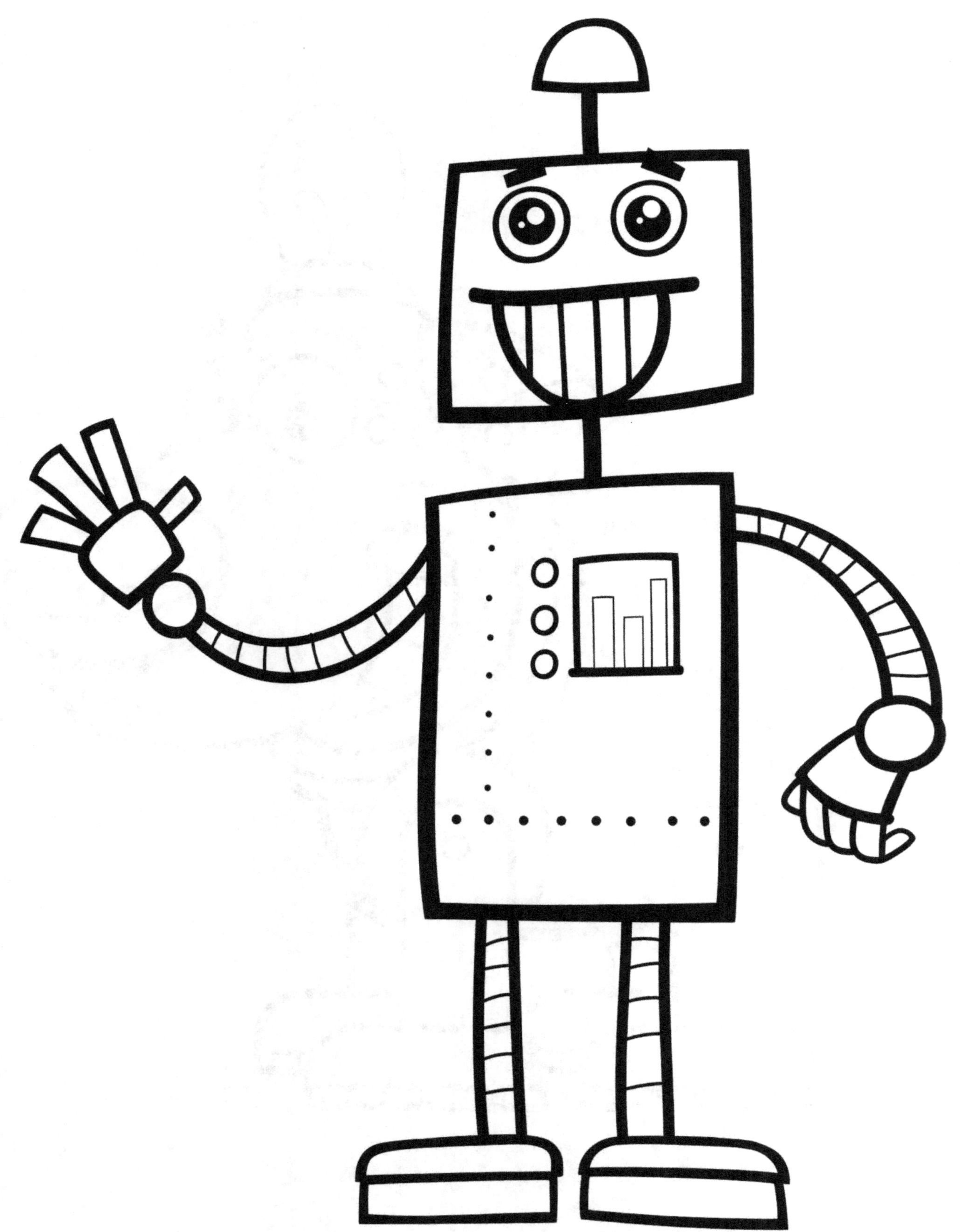

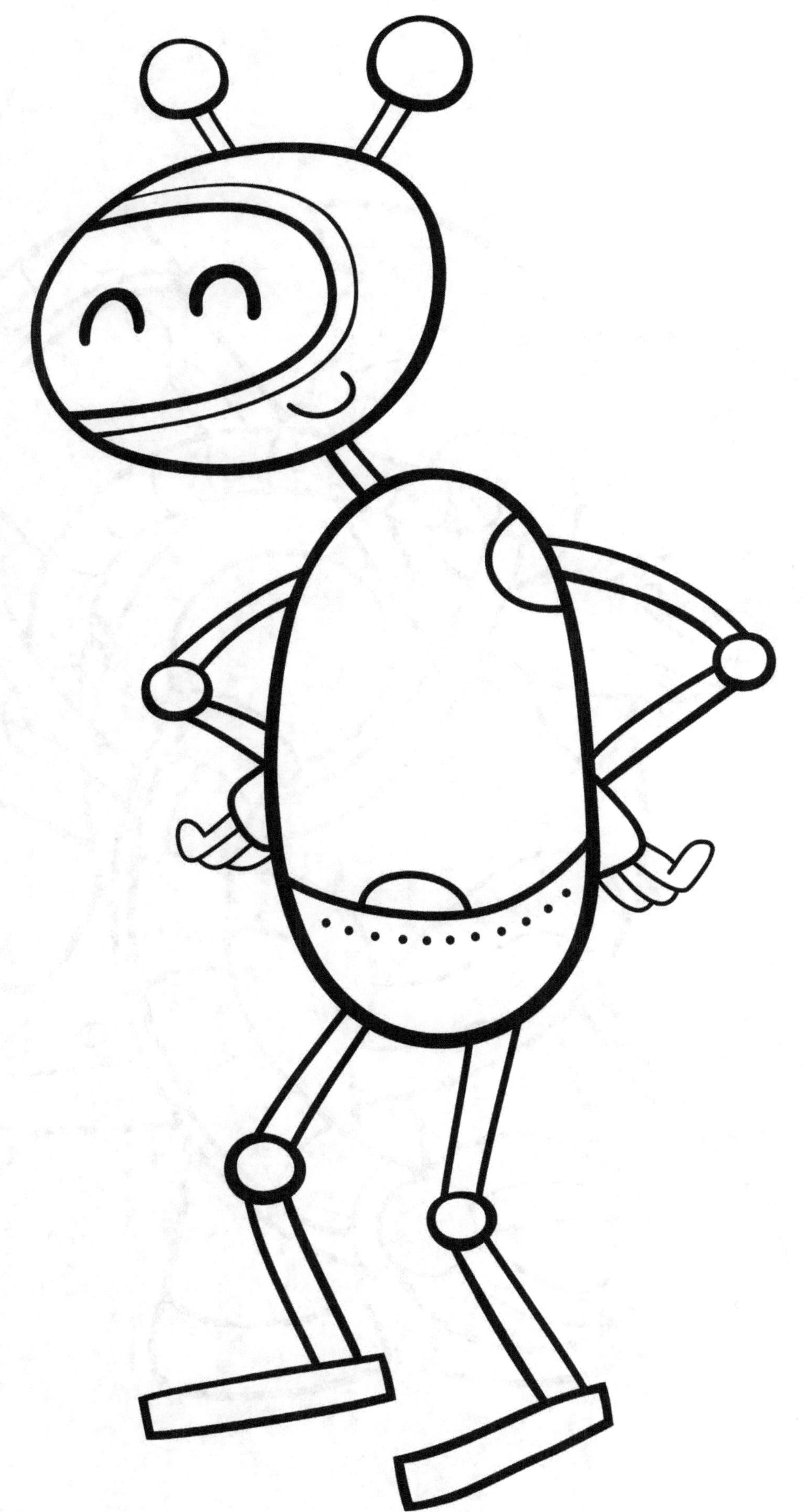

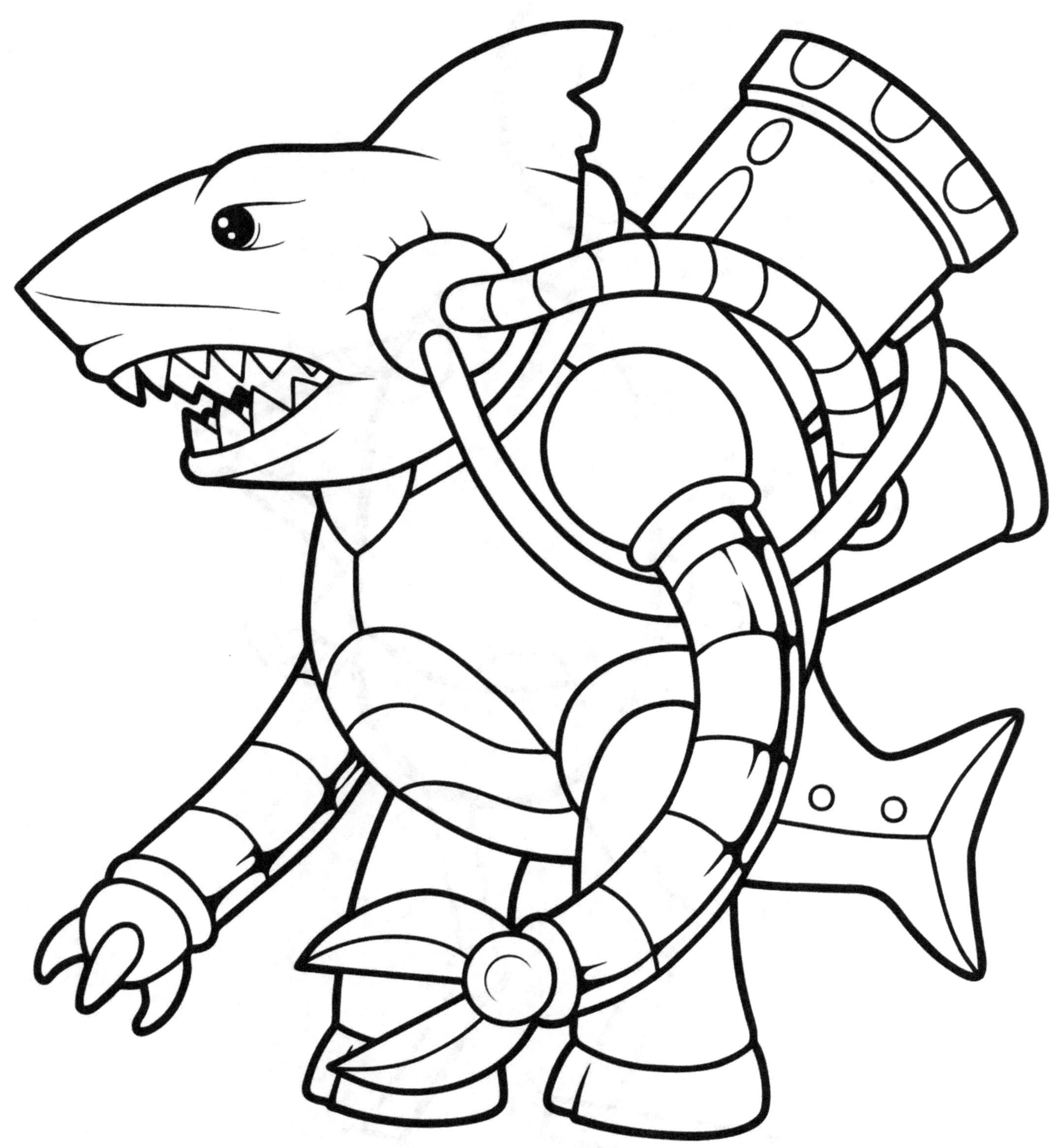

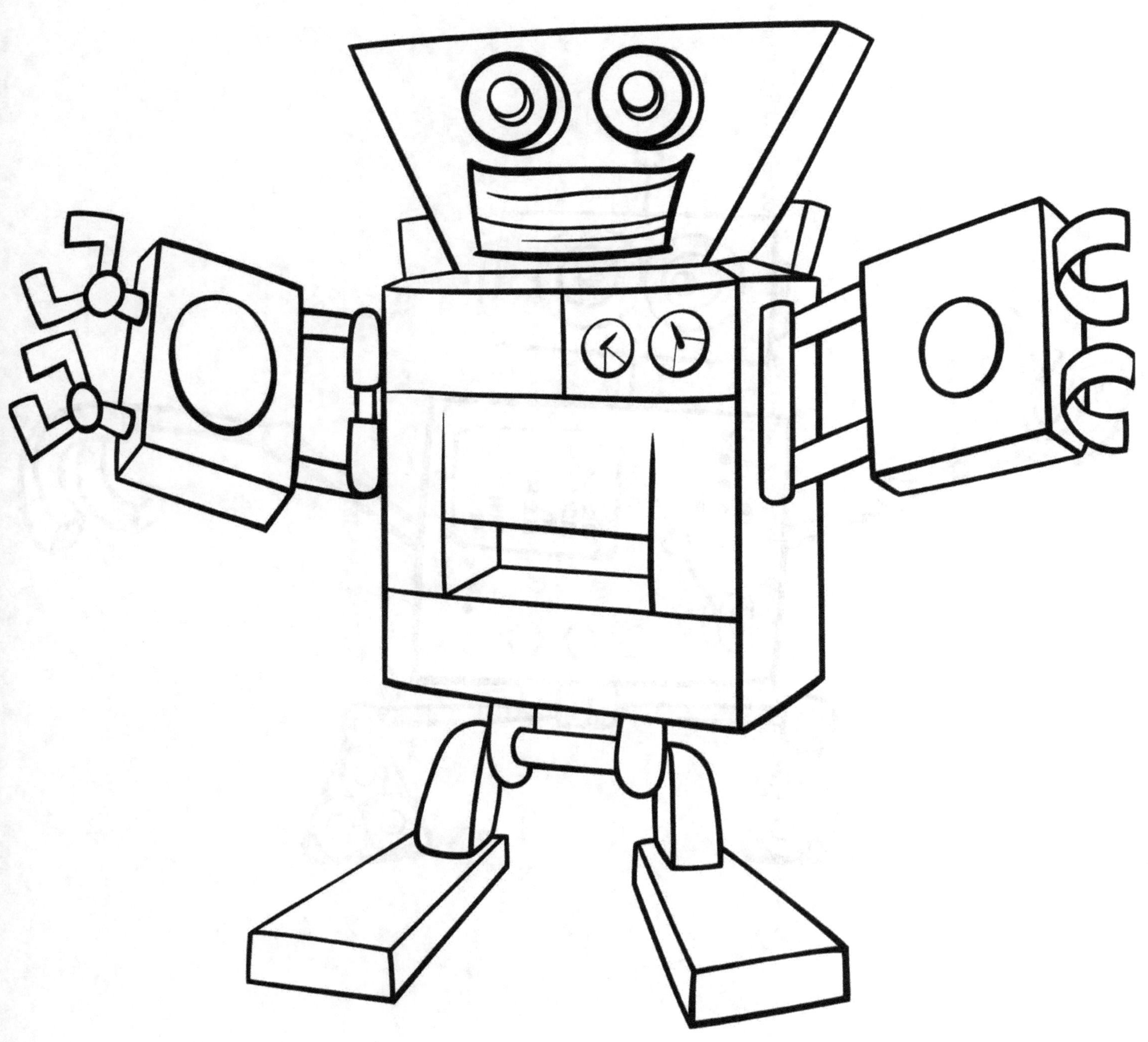

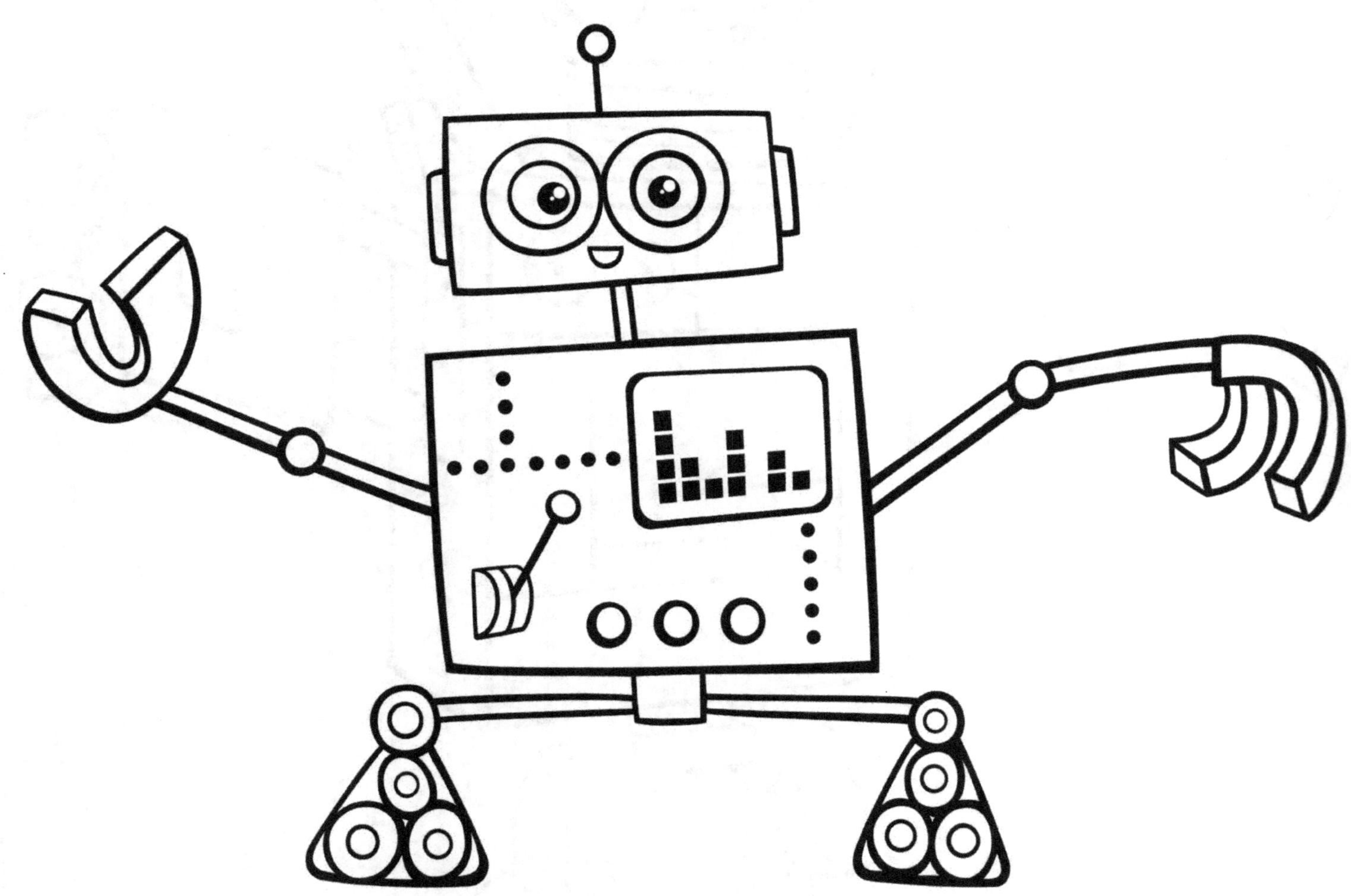